Walter A. Posch

Das Geheimnis der Rückführungen

Walter A. Posch

Das Geheimnis der Rückführungen

Artha

ISBN 978-3-89575-150-9
1. Auflage

D 87466 Oy-Mittelberg
 Die Ratschläge in diesem Buch sind vom Autor und vom Verlag sorgfältig erwogen und geprüft, dennoch kann eine Garantie nicht übernommen werden. Grundsätzlich weisen wir darauf hin, dass eine Rückführung keinen Arztbesuch ersetzen soll. Ebenso kann der Verlag keine Garantie für die Erreichbarkeit der Kontakte leisten. Inhalte der angegebenen Internetseiten und Seminare sind nicht vom Verlag zu verantworten. Eine Haftung des Autors bzw. des Verlags und seiner Beauftragten für Personen, Sach- und Vermögensschäden ist ausgeschlossen.
Umschlagbild: Marlies Macher / Claudia Hütter / Franz Posch
Illustrationen: Franz Posch
Lektorat: Sonja Fischer
Gestaltung und Layout: Rolf Mihm
Internet Verlag: www.artha.de
Druck: Graphischer Betrieb Bercker, 47623 Kevelaer

Inhaltsverzeichnis:

Zur Person

Walter Andreas Posch wurde am 7. Oktober 1964 in der Semmelweißklinik im 18. Wiener Gemeindebezirk, im Sternzeichen der Waage geboren.

Bereits in seiner frühesten Kindheit erwachte in ihm ein starkes Interesse für Esoterik und Übersinnliches. Die anfängliche Vorsicht wich schließlich seinem Wissensdrang. Also begann er, sich intensiver mit der Materie zu beschäftigen.

Der Grundstein seiner Berufung wurde wohl schon in seinem 23. Lebensjahr gelegt. Bei einem Besuch der steirischen Landeshauptstadt Graz konnte er in einem Buchladen sein erstes Fachbuch über Hypnose erstehen.

Nach vielen praktischen Experimenten mit Freunden und Kollegen ließ er sich schlussendlich in diesem Fach ausbilden und schloss auch gleich die Reinkarnationspraxis und später die des Clearings mit ein.

Nach mehrjähriger Arbeit und Forschung auf diesen Fachgebieten entschloss er sich seine Arbeit und sein Wissen einem breiteren Publikum zur Verfügung zu stellen.

Daher wurde das REKA-Institut Österreich-Deutschland gegründet, welches es sich zur Aufgabe macht, allen Menschen eine entsprechende Ausbildung angedeihen zu lassen, denen das Wohlergehen anderer wichtig erscheint.

Obwohl auch Ausbildungen in NLP, Reiki und Energetik zu seinem Lebensweg gehören, sieht er sich doch auch als Autodidakt, da er viele Fähigkeiten durch Selbsttrainings erlangen konnte.

Durch seine positiven Erlebnisse weiß er heute, dass er im umfassenden Gebiet der Esoterik genau das Richtige gefunden hat, nämlich für seine Mitmenschen da zu sein und ihnen in schwierigen Lebenssituationen zur Seite zu stehen.

Danksagung

Besonders bedanken möchte ich mich bei Linda Posch, der Mutter meines Sohnes Dominic, für die überaus kritische, aber enorm wichtige und konstruktive Unterstützung beim Verfassen meines Buches.

Bei meinen beiden „Großen“ Christina und Andreas, die den Weg ihres Vaters verstehen, ihn als Rückführungstherapeuten mit mir teilen und auch gemeinsam gehen und bei Dominic, meinem „Kleinen“, der seinen Vater bereits seit Jahren größenmäßig überragt und durch seine kritische Betrachtungsweise besticht.

Ein besonderes Dankeschön gebührt überdies meiner Stieftochter Nina, die bei der schriftlichen Form mitgewirkt hat.

Desweiteren danke ich der jungen Künstlerin und Designerin Marlies Macher und einer lieben Kollegin von mir - Claudia Hütter - für das Coverstyling, sowie dem gesamten Artha-Team (Oliver, Rolf und Sonja) für seine Unterstützung.

Besonderen Dank möchte ich auch meinem nicht mit mir verwandten oder verschwägerten Jugendfreund Franz Posch aussprechen, der mir mit der wunderbaren Illustration meines Buches den Feinschliff ermöglichte.

Und last but not least danke ich meinen Klienten und Kursteilnehmern ganz herzlich dafür, dass ich bei jeder Sitzung und jedem Seminar lernen durfte und immer noch lernen darf.

Vorwort

Liebe Leserin, lieber Leser,

jetzt kann es also losgehen. Du hast dich entschlossen mein Buch zu kaufen und bist nun schon mitten im Geschehen. Es soll dir den letzten Kick geben, um (endlich) eine Rückführung zu erleben, respektive an einer solchen teilzunehmen.

Ich werde all deine Bedenken zerstreuen und dir deine Ängste nehmen, indem ich mit dir eine Rückführung Schritt für Schritt durchspiele und dir Punkt für Punkt erkläre, was dich erwartet.

Überdies möchte ich Menschen, die noch nie mit Rückführungen zu tun hatten, zum besseren Verständnis, einen Überblick über meine und die Arbeit vieler von mir bereits ausgebildeter Reinkarnations- und Clearingtherapeuten verschaffen und ihnen den Ablauf einer Sitzung - mit einer Vielzahl von Fallbeispielen - näher bringen. Ich möchte dich jedoch weder mit wissenschaftlichen Abhandlungen, noch mit langatmigen, unverständlichen Phrasen langweilen, sondern dir ein möglichst praxisbezogenes Bild vermitteln.

Ich bitte zu entschuldigen, dass ich aus Gründen der Einfachheit in diesem Buch stets die maskulinen Ausdrücke Klient und Klienten verwende, wenn ich über weibliche und männliche Kunden schreibe.

Auch verwende ich die in Esoterikkreisen übliche DU-Form.

Ich hoffe, du störst dich nicht daran!?

Betonen möchte ich, dass ich im vorliegenden Werk versuche, meine Sicht der Dinge darzustellen, jedoch niemandem abspreche, andere Thesen, Theorien oder Meinungen zu vertreten oder zu verfolgen!

Aber wie sagte schon Immanuel Kant:

„Es gibt nichts Praktischeres,
als eine gute Theorie!"

und Albert Einstein meinte:

„Fantasie ist wichtiger als Wissen!"

Ich wünsche dir also viel Spaß beim Lesen und eine tolle Erfahrung bei deiner anschließenden - vielleicht ersten - Rückführungssitzung.

Ach ja, bevor ich es vergesse:

Ich habe dir nach jedem Kapitel eine Frage gestellt, die du bitte gewissenhaft und ehrlich mit „Ja" oder „Nein" beantworten solltest - kreuze dazu bitte das entsprechende Feld an. Zum Abschluss des Buches erfährst du dann von mir, ob und wie gut du dich für eine Rückführung eignest.

Reinkarnation und Rückführung

F. Posch 09

Es ist um nichts erstaunlicher,
zweimal geboren zu werden als einmal.
Voltaire (1694-1778)

Gibt es ein Leben nach der Geburt?

Bevor wir zum eigentlichen Thema - dem der Wiedergeburt - kommen, möchte ich dir eine Frage stellen:

„Glaubst du eigentlich daran schon mal gelebt zu haben?"

„NEIN?"

Dann hast du, im Bauch deiner Mutter, wohl auch nicht daran geglaubt geboren zu werden? Du hast also schlichtweg an einem Leben nach der Geburt gezweifelt!

Die folgende Geschichte soll dich in diesem Fall ein wenig zum Nachdenken anregen:

Ein ungeborenes Zwillingspärchen unterhält sich im Bauch seiner Mutter. „Sag mal, glaubst du eigentlich an ein Leben nach der Geburt?" fragt der eine Zwilling. „Ja, auf jeden Fall! Hier drinnen wachsen wir und werden stark, für das was draußen kommen wird", antwortet der andere Zwilling. „Ich glaube, das ist Blödsinn!" sagt der erste. „Es kann kein Leben nach der Geburt geben, wie sollte das denn bitteschön aussehen?"

„So genau weiß ich das auch nicht. Aber es wird sicher viel heller sein als hier und vielleicht werden wir dann herumlaufen und mit dem Mund essen!"

„So einen Unsinn habe ich ja noch nie gehört! Mit dem Mund essen, was für eine verrückte Idee. Es gibt doch die Nabelschnur, die uns ernährt. Und wie willst du herumlaufen? Dafür ist die Nabelschnur doch viel zu kurz!"

„Doch, es geht ganz bestimmt. Es wird eben alles nur ein bisschen anders sein!"

„Du spinnst! **Es ist noch nie einer zurückgekommen von *nach der Geburt!***
Mit der Geburt ist das Leben zu Ende. Punktum!"

„Ich gebe ja zu, dass keiner weiß, wie das Leben nach der Geburt aussehen wird. Aber ich weiß, dass wir dann unsere Mutter sehen werden und sie wird für uns sorgen!"

„Mutter?? Du glaubst doch wohl nicht an eine Mutter!?! Wo ist sie denn bitte?"

„Na hier, überall um uns herum. Wir sind und leben in ihr und durch sie. Ohne sie könnten wir gar nicht sein!"

„Quatsch! Von einer Mutter hab ich noch nie etwas bemerkt, also gibt es sie auch nicht!"

„Doch, manchmal, wenn wir ganz still sind, kannst du sie singen hören oder spüren, wenn sie unsere Welt streichelt..."

v. Henry Nouwen 1932-1996
(holländischer Theologe und Philosoph)

Der Therapeut als Ursachen-Detektiv

Eigentlich hätte mein Buch den Titel „Die Ursachen-Detektive und das Geheimnis von Rückführung und Clearing" tragen sollen. Ich hab mich allerdings dann doch für den nunmehrigen entschieden, da wohl die wenigsten, ohne hinreichende Erklärung, eine Assoziation zwischen Detektiven und Rückführungen gefunden hätten.

Der Ausdruck Ursachen-Detektive ist einer jener, die im Laufe meiner Seminartätigkeit geprägt wurden, um meinen Teilnehmern leichter zu veranschaulichen, wie unsere Arbeit im Detail abläuft.

Dazu vergleiche ich uns gerne mit Detektiven die von einem Klienten mit der Lösung eines brisanten Falles betraut werden.

Reinkarnationstherapeuten sind also Detektive, die mit einem Opfer (Klienten) an einen Tatort zurückkehren (früheres Leben), um vor Ort, in minutiöser und akribischer Kleinarbeit, die Spurensuche (Ursachenfindung) zu einem Kriminalfall (Problemthema) aufzunehmen, welcher nie aufgeklärt wurde und daher noch immer Thema von Ermittlungen ist (Verstandsthema). Dazu werden nun alle beteiligten Personen, wie etwaige Zeugen (Seelenbegleiter + Seelenheiler), Opfer und vermutliche Täter einvernommen und alles genauestens hinterfragt und durchleuchtet. Es werden weiters Spuren gesichert, alle Indizien und Hinweise gesammelt, ein Täterprofil erstellt und damit die Beweiskette zur Überführung des Täters geschlossen (Ursache). Der Fall kommt folglich erst zu den Akten, wenn er gelöst ist (Auflösung der energetischen Muster im Unterbewusstsein).

Anders gesagt, der **Reinkarnationstherapeut** kehrt mit seinem **Klienten** in ein **früheres Leben** zurück, um die **Ursache für** ein belastendes **Problem im jetzigen Leben** zu finden, das Teil seines, wenn auch unbewussten, Verstandsverhaltens ist. Der Seelenbegleiter (Schutzengel) des Klienten ist dabei behilflich die energetischen Muster im Unterbewusstsein aufzuspüren, um sie dann vom Seelenheiler, also dem Heiler aus der Geistigen Welt, oder auch inneren Arzt, korrigieren und schließlich auflösen zu lassen.

Die (karmische) Formel der Rückführungen ist daher relativ einfach:

Problemthema + Ursachenfindung = Problemlösung!

Ein Beispiel:

Du bist heute 40 Jahre alt und besuchst mich, wegen deiner Kopfschmerzen, die dich seit deinem 30. Lebensjahr plagen, in meiner Praxis.

Im Vorgespräch erzählst du mir, auf die Frage, ob es sonst noch Problemthemen gibt, dass du überdies eine unerklärliche Abneigung gegen Pferde hast und dich besonders unwohl fühlst, wenn du alleine im Wald unterwegs bist. Es ist daher klar, dass die Kopfschmerzen dein Hauptproblemthema darstellen.

Nun erlebst du in der anschließenden Rückführung einige, eher unerhebliche Situationen eines früheren Lebens. Doch gleich darauf befindest du dich in einem wichtigen Ereignis. Du siehst, wie du alleine durch einen Wald läufst, dabei über eine Wurzel stolperst und mit schmerzverzerrtem Gesicht und gebrochenem Bein auf dem Waldboden liegen bleibst. Erst nachdem du Stunden um Hilfe harrend durchlebt hast, wirst du gefunden und ärztlich versorgt. Diese Situation ist offensichtlich der Auslöser für deine Beklemmungen, wenn du alleine im Wald unterwegs bist, aber in keinem Fall der, für deine Abneigung Pferden gegenüber und schon gar nicht für deine Kopfschmerzen.

Natürlich könnte es sein, dass du auf Grund des Beinbruchs eine bleibende Behinderung hattest, dich pflegen lassen musstest und dir, über deine Hilflosigkeit und die dadurch entstandene Belastung für deine Mitmenschen „den Kopf zerbrochen hast“ - und dies deine Kopfschmerzen ausgelöst hat. Dies ist allerdings eher unwahrscheinlich.

Daher nehmen die Ermittlungen an dieser Stelle weiter ihren Lauf!

Nachdem du danach wieder ein paar eher unwichtige Stationen dieses Lebens durchlebt hast, siehst du dich in einem Stall, in dem du gerade eines deiner Pferde sattelst um es für einen Ausritt zu richten. Du schwingst dich auf den Rücken deines Pferdes und geniest die Unbeschwertheit, die dich beim Reiten durch die Wälder begleitet. Von dir unbemerkt regt sich jedoch eine Schlange im hohen Gras. Dein Pferd scheut, richtet sich auf und wirft dich ab. Du stürzt zu Boden und fällst so unglücklich, dass du dir dabei schlimme Kopfverletzungen zuziehst. Trotz deiner Rufe, gibt es weit und breit keine Hilfe. Schlußendlich verblutest du an den Folgen des Sturzes und stirbst mit ca. 30 Jahren noch an der Unglücksstelle.

Nun haben wir die Ursache für deine Kopfschmerzen, also dein Hauptproblemthema, und der Fall ist abgeschlossen!

Nebenbei haben wir aber auch noch die Abneigung gegen Pferde und die beklemmenden Gefühle im Wald alleine unterwegs zu sein erkannt und können diese Themen ebenfalls lösen!

Die Auflösung erfolgt dann zweiphasig, also auf zwei Ebenen. Erstens im Verstand, weil du erkannt hast, warum du all diese Probleme hattest, und zweitens im Unterbewusstsein und im Energiekörper, da du danach, gemeinsam mit deinem Seelenheiler (deinem Heiler aus der Geistigen Welt), auch noch die energetischen Muster lösen und durch positive Energien ersetzen kannst!

Kommst du also mit einem „Fall" (Problemthema) in meine Praxis, habe ich die Aufgabe diesen mit deiner und der Hilfe der Geistigen Welt zu durchleuchten, aufzuklären und zu lösen.

Die Bezugnahme auf die betroffenen Körperregionen und

das Alter, in dem bestimmte Themen erstmals auftreten sind hilfreiche Indizien, die zur Klärung des Falles beitragen.

An Hand des gewählten Beispiels lässt sich auch sehr schön erkennen, dass man, im Zuge einer Sitzung, nicht nur das Hauptthema durchleuchten und aufklären, sondern auch mehrere, damit unmittelbar in Verbindung stehende „Neben"-Probleme mit auflösen kann, wenn diese zusammen fallen.

Die Inkarnation und die Seelenebene

Als Inkarnation versteht man den Beginn des menschlichen Lebens, die Geburt. Das heißt allerdings nicht, dass es keine spirituelle Vorstufe dazu gibt, nämlich die Phase der Regeneration im Seelenleben, also im Leben zwischen den Leben (aber dazu komme ich später). Stell dir mal vor, dein Sohn hält sich, zu Studienzwecken, mehrere Jahre im Ausland auf. Die ganze Zeit über siehst du ihn nicht. Trotzdem ist er am Leben! Er hat sich lediglich örtlich verändert und dadurch deinen Blicken entzogen. Bei der Inkarnation vollzieht sich diese Veränderung allerdings nicht nur örtlich, sondern auch physisch. Man tritt durch die Geburt, in die grobstoffliche, materielle Welt ein und verlässt sie im Moment des Todes, um wieder in die Regenerations- und Wachstumsphase der Seelenebene einzutreten. Es geht also bei der Inkarnation lediglich um eine Veränderung der Energieverdichtung. Das heißt, die feinstoffliche, unsichtbare Seele wird durch das Inkarnieren zu einer festen, sichtbaren Materie gewandelt um sich im Anschluss wieder auf die nicht fühl- und messbare Energieebene zu begeben.

Hier gehen die Theorien sogar so weit, dass manche

Menschen annehmen, dass unser ganzer Planet ein einziges Phantasiegebilde mit mehr oder weniger stark verdichteter Energie ist.

Was versteht man unter Reinkarnation?

Doris, die im jetzigen Leben keinerlei Bezug zu Indianern hat, fand sich inmitten eines Indianerstammes der Cheyenne. Nachdem sie als kleiner Indianerjunge bereits einiges durchlebt hatte, teilte sie mir mit, dass sie nun, im Alter von 15 Jahren, vom Stammeshäuptling zum Mann erklärt werden würde. Im Zuge dessen hielt der Häuptling eine Rede. Da ich bemerkte, dass sich Doris sehr intensiv und tief in die Situation hineinfallen lassen konnte, bat ich sie mir diese Ansprache in ihrer Sprache - also dem Indianisch - zu vermitteln. Obwohl sie im Anschluss etwa zehn Minuten in einem mir unverständlichen Kauderwelsch zu sprechen begann, war ich von der Authentizität des Gesagten absolut überzeugt. Auch ich fühlte mich nun, durch den fremd anmutenden Klang ihrer Stimme, tatsächlich in die Zeit der Indianer zurück versetzt und die Energien des alten Häuptlings erfüllten spürbar den Sitzungsraum. Im weiteren Verlauf dieses Lebens begab sich der junge Krieger mit seinem Gefährten, einem Wolfshund, zur Jagd. Nachdem sie bereits einiges an Kleinwild erlegt hatten, richtete sich vor dem Indianerjungen plötzlich ein riesiger Bär auf, der aus dem Dickicht kam und attackierte die beiden. Der Hund ging dazwischen und verteidigte sein Herrchen gegen den übermächtigen Gegner, obwohl er damit beinahe sein Leben riskiert hätte. Gemeinsam gelang es ihnen schließlich den Bären in die Flucht zu schlagen. Leider wurde der Hund durch die Bärenakttacke empfindlich verletzt. Daher mussten die blutenden Wunden vom Indianerjungen versorgt und genäht werden. Auf meine Frage, wie er denn das bewerkstellige, meinte er wie selbstverständlich: „Ich nähe sie mit einer Hirschsehne!“

Beim Nachgespräch fragte Doris, ob es tatsächlich Indianer gibt, die Cheyenne heißen und war vollkommen verwundert darüber, dass sie auch deren Sprache sprechen konnte.

Betrachten wir an dieser Stelle einen Baum der Blätter trägt, die heranwachsen, größer werden und schließlich monatelang in vollem Saft stehen. Im Herbst werden sie langsam welk und braun und fallen schließlich herab. Übrig bleibt lediglich feiner Staub. Doch im Frühjahr des folgenden Jahres treiben die Zweige wieder aus und schon bald erstrahlt der Baum wieder in vollem und grünem (Blätter-) Glanz.

Wie bei den Blättern des Baumes ist es also auch bei uns Menschen. Wir Reinkarnieren immer und immer wieder. Werden ständig wiedergeboren, um uns immer wieder neu zu entfalten.

Unter Reinkarnation versteht man daher nichts anderes als die Wiederfleischwerdung oder Wiederverkörperung der Seele in einem grobstofflichen, physischen, menschlichen Körper.

Ob es tatsächlich so etwas wie Wiedergeburt gibt, wird jedoch vermutlich niemals wissenschaftlich nachweisbar sein und daher, so lange die Menschheit existiert, umstritten bleiben. Die Praxis eines Reinkarnationstherapeuten zeigt allerdings, dass im Zuge von Rückführungen Phänomene auftreten, die nur schwer der Phantasie eines Klienten zugeordnet werden können. Dafür sind die Details der Schilderungen oft viel zu genau, wie das Wiedererleben von Doris deutlich gezeigt hat.

Der Sinn der Wiedergeburt wäre für viele vermutlich etwas einleuchtender, wenn man ihn aus der Sicht betrachtet, dass uns die Reinkarnation als Lernphase und Lernstadium dient, um uns dadurch, auf Seelenebene, in höhere Sphären begeben zu dürfen.

So, als ob du in der Schule eine Klasse positiv abschließt und nun zur nächst höheren aufsteigen darfst.

Der Glaube an die Reinkarnation

Solange die drei Grundfragen

Woher komme ich?

Wer bin ich?

Wohin gehe ich?

allerdings nicht geklärt sind, werden sich die Befürworter der Reinkarnationstheorie ebenso schwer tun den Beweis für ihre Existenz anzutreten, wie diejenigen, die sie ablehnen oder daran zweifeln, um gegenteiliges zu erbringen.

Eines ist jedoch gewiss, der Glaube oder Nichtglaube an Wiedergeburt tut einem Sitzungserfolg keinen Abbruch!

Ich setze daher von niemandem, der sich bei mir einfindet, voraus, dass er vor, während oder auch nach der Sitzung an Reinkarnation glaubt. Ich bin kein Prediger, dessen Ansinnen es ist möglichst viele Menschen zu überzeugen und zu bekehren! Im Gegenteil, ich lasse jedem seine Einstellung und Meinung. Es spricht ohnehin alles für sich selbst. Die Intensität der gesehenen Bilder, das Erleben von Situationen, die man im heutigen Leben nicht kennt und die damit verbundene positive Veränderung im Jetzt hat noch fast allen Klienten einen anderen Weg gewiesen und sie dazu veranlasst, ihre Zweifel zu überdenken.

Natürlich kann es auch sein, wie man nicht selten liest und hört, dass es sich hier um Phantasiegebilde handelt. Auch das lasse ich jedem offen. Doch ist das wirklich wichtig? Im Vordergrund steht doch, dass dir, als meinem Klienten, geholfen wird!

Hat dich schon mal ein Arzt gefragt, ob du an den positiven Ausgang einer Operation glaubst?

Musst du selbst Medizin studiert haben, um eine Genesung in Erwägung zu ziehen?

Also setze auch ich nicht voraus, dass meine Klienten bereits im Vorfeld sämtliche wissenschaftlichen Abhandlungen sowie alles Pro und Kontra über Reinkarnation und Wiedergeburt gelesen haben. Der Erfolg tut seines dazu, um den Glauben zu festigen.

Es sind schließlich auch nicht alle allgemeinmedizinischen Vorgehensweisen und Behandlungsmethoden unumstritten. Auch werden diese im Laufe der Zeit immer wieder durch Neuentdeckungen oder Neuentwicklungen widerlegt, modifiziert oder gar revidiert und durch andere ersetzt!

Selbst wenn wir davon ausgehen würden, dass es sich beim Erleben früherer Leben um das so genannte „willing suspension of belief“ - also um willentliches Aussetzen von Zweifeln - handelt, wäre das kein Problem.

Der Dichter und Philosoph Samuel Taylor Coleridge stellte in seiner 1817 veröffentlichten „Biographia Literaria“ die Theorie auf, dass Personen, die sich in eine Handlung (Theater, schriftliche Werke) vertiefen, diese - egal ob Realität oder Fiktion - zumindest für einen Moment als Real akzeptieren.

Wenn dies bei Rückführungen der Fall sein sollte, hat die Reinkarnationstherapie trotzdem ihre Existenzberechtigung, da mit Hilfe dieser Therapieform in den letzten Jahren tausende Menschen positive Lebensveränderungen erfahren durften.

Reinkarnation und Kirche

Melittas Leben war nach ihrer Pensionierung zu einem Eremitendasein geworden, welches Tag und Nacht energie- und freudlos verlief. Sie entschloss sich daher in meine Praxis zur Rückführung zu kommen, um zu neuer Lebensenergie zu finden. Zu Beginn der Sitzung ließ ich sie, um sie ein wenig zur Ruhe zu bringen, einige Male tief ein- und ausatmen. Diese Zeit nütze ich für gewöhnlich, um den energetischen Schutz (dazu später noch mehr) aufzubauen. Diesmal jedoch hatte ich das unbändige Verlangen, der Rückzuführenden ein hell leuchtendes Kreuz auf ihren Körper zu visualisieren. Ich war vollkommen verwundert darüber, da dies zuvor (und auch danach) niemals der Fall war. Beim Nachgespräch bat mich Melitta schließlich, niemandem von unserer Sitzung zu erzählen, da sie - was sie mir zuvor verschwiegen hatte - eine der Kirche immer noch sehr verbundene, pensionierte Religionslehrerin war, die befürchtete, auf Grund der absolvierten Rückführung, exkommuniziert zu werden.

Nun wusste ich auch das Symbol des Kreuzes zu deuten.

(Da ich den Namen der Klientin geändert habe, hoffe ich trotzdem, ihrem Wunsch entsprochen und ihre Anonymität gewahrt zu haben).

Dem Glauben an die Wiedergeburt steht leider immer noch der Standpunkt der Kirche entgegen, denn der im europäischen Raum weit verbreitete christliche Glaube trägt nicht gerade dazu bei an frühere Leben oder ein Leben nach dem Tode zu glauben.

Doch das war nicht immer so!

Im Gegenteil, war es nicht genau diese katholische Gemeinschaft und Kirche, die im Zuge des Konzils zu Konstantinopel 553 n. Chr. unter Kaiser Justinian I. den Glauben an die Wiedergeburt abgeschafft und bei Strafe verboten hat? Ja mehr noch, die Verbreitung der Reinkarnationsthese sogar unter Todesstrafe stellte!

Aufzeigende Texte des neuen Testaments wurden damals entsprechend abgeändert. Obgleich sich noch heute, bei richtiger Deutung, in einigen Bibelstellen Hinweise auf ein Leben nach dem Tode finden und Milliarden Menschen an die Wiedergeburt glauben, hält das Kirchentum bis dato an ihrer Verleugnung fest. Offenbar passt also die Reinkarnationstheorie nicht in das vorgefasste Weltbild der römisch-katholischen Kirche.

Doch all zu leicht wollte man es dem gläubigen Christen seitens der Kirchenvertretung offensichtlich nun doch nicht machen, könnte er doch zu leichtgläubig und hochmütig annehmen, dass er nach seinem ersten und einzigen Ableben sogleich in den „Himmel" kommt. Daher wurde Gott im Weiteren noch rasch ein satanischer Widerpart gegenüber gestellt und kurzerhand die Hölle mit seinem Fürsten „Luzifer" erschaffen.

Betrachtet man dieses Wort jedoch genauer, erfährt man, dass die Silbe „Luz", nichts anderes als „Licht" bedeutet. Also ist auch der Höllenfürst ein Wesen, welches uns aus dem Licht gesandt wurde und nun lediglich die Aufgabe hat, uns auf dem rechten Weg zu halten oder auf diesen (zurück) zu bringen.

Aber natürlich auch, um zu polarisieren!

Hier wird uns bereits vor Augen geführt, dass der Mensch Dualitäten wie die des Himmels und der Hölle benötigt, um ihm ein Erkennen und Verstehen zu erleichtern. Es muss daher von allem etwas Polares, ein Gut und Böse, ein Plus und Minus, also einfach ein Pro und Kontra geben, um dies zu vereinfachen.

Der Gedanke an eine Hölle erscheint mir zudem abstrus. Warum sollte es einen Gott geben, der uns an einen solchen Ort verbannt? Dann wäre er kein Gott, sondern bestenfalls ein Tyrann, gleichbedeutend mit einem Herrscher in der mittelalterlichen Epoche der Inquisitionen und Hexenverbrennungen.

Himmel und Hölle

Bereits in der frühchristlichen Zeit wurde gelehrt, dass alle Verstorbenen in den Schoß Gottes - den Himmel - zurückkehren. Dem gegenüber stand jedoch die These der Hölle, in der all jene sich fanden, die den christlichen Glauben nicht teilten oder lebten. Viele Christen zweifeln auch heute daran, dass es einen Gott gibt, der über die Menschheit richtet und diese, so sie sich versündigt, in die Verdammnis schickt. Leider wird aber am Begriff Hölle vom Christentum vermutlich deshalb festgehalten, damit die Schäfchen an den kirchlichen Regeln ihrer Hirten festhalten.

An dieser Stelle wäre auch die Geschichte vom 11. September 2001 erwähnenswert.

Im Zuge der Anschläge auf das World Trade Center wussten sich viele Eingeschlossene der oberen Stockwerke nicht anders zu helfen als ihre Flucht ins Freie, durch die eingeschlagenen Fenster, zu suchen. So auch der dadurch zu zweifelhaftem Ruhm gelangte, so genannte „Falling Man“. Einer jener Menschen, die sich -

offensichtlich in vollkommener Panik - aus dem Fenster stürzten und dabei zu Tode kamen.

Dieser Sprung wurde allerdings von einem kanadischen Fotografen in einer schier endlosen Bildfolge festgehalten!

Norberto Hernandez wurde lange Zeit, fälschlicherweise, für diesen Mann gehalten, dessen Foto durch die gesamte Weltpresse ging.

Die hinterbliebene Tochter von Hernandez meinte in einem TV-Interview, dass sie sich Sorgen um ihren verstorbenen Vater mache, da dieser den begangenen „Selbstmord“ nun vermutlich in der Hölle büßen müsse!

Obwohl die Familie Hernandez, wie die Fernsehreportage zeigte, nicht über die Maßen gläubig schien, ist doch der Dual-Begriff von Himmel und Hölle gerade in einem solchen Moment von großer Bedeutung und steigt unvermittelt aus dem Unterbewusstsein hoch!

Ist so etwas nicht schlimm?

Spätere Recherchen ergaben überdies, dass nicht Norberto Hernandez der „fallende Mann“ war, sondern Jonathan Briley. Doch was ändert es? Ist jetzt Jonathan derjenige, der in der Hölle schmort?

Die Kirche also ist es, die uns vorgibt, wie die spirituelle Welt in Bezug auf Himmel und Hölle zu funktionieren hat.

Aber schließlich war die Erde auch schon rund als es von der Kirche noch, bei Strafe, verboten war, dies auch nur im Ansatz für möglich zu halten oder gar daran zu glauben und darüber zu sprechen!

Geburt und Tod

Auch das Thema Geburt und Tod ist demnach ein sehr komplexes, wobei ich hier der Ansicht bin, dass es weder das Eine, noch das Andere tatsächlich gibt, sondern alles lediglich in unserer Vorstellung existiert.

Wir sind Seelen, die aus dem Licht kommen, in einem fleischlichen, menschlichen Körper inkarnieren, eine uns auferlegte oder auch selbst gestellte Seelen- und Lernaufgabe mehr oder weniger gut meistern, und im Anschluss wieder exkarnieren, also sterben.

Hier findet lediglich eine Transformation der Seele, über die Geburt zur Menschwerdung und über den Tod wieder zurück zur Seelenebene, statt.

Sehen wir uns, an dieser Stelle, einmal die Metamorphose, also Verwandlung, eines Schmetterlings an. Einem nur wenige Millimeter großen Ei entschlüpft eine kleine Raupe, die so gefräßig ist, dass sie sogar vor ihren eigenen Eierschalen nicht halt macht. Im Laufe der Zeit spinnt dieser Vielfüßer aus einem Faden einen Kokon, aus dem im Anschluss ein wunderschöner Schmetterling entschlüpft.

Legen wir dies nun auf unser Leben um, dann transformieren wir unsere Seele - durch die Geburt - zu einem menschlichen Wesen, das begierig allen erdenklichen Lernstoff in sich hineinschlingt, um sich dann nach dem Verpuppen - dem Tod - auf der Seelenebene zu noch größerer Schönheit zu entfalten.

Was versteht man unter Rückführungen?

Mit einer Rückführung durchbricht man also die Grenzen unseres Verstandes und dringt in unvorstellbare Dimensionen ein. Man erlebt meist hautnah, wie man sich bei Geburt und Tod, beim Vordringen in geistige Sphären und Betreten (scheinbar) fremder Kulturen fühlt.

Rückführungen sind so banal und einfach, jedoch so komplex und real, dass man, hat man so etwas einmal erlebt, nie mehr an der Existenz von Wiedergeburt, Leben nach dem Tod oder auch Seelenleben zweifelt.

Obgleich sich in unseren Kulturen immer noch mehr Zweifler als Befürworter finden, ist dieses Thema bereits Grundstein des Glaubens von Milliarden von Menschen.

Der Tod ist nicht das Ende und die Geburt nicht der Anfang. Dies sind lediglich Zwischenstationen auf dem Weg zu geistigem Wachstum und spiritueller Hingabe an eine Welt, die sich mit unserer Art zu Denken absolut nicht erklären lässt.

Wie sollte man auch verstehen, dass man als Seele umgeben, durchwachsen und erfüllt von Harmonie, Liebe und Energie existiert und schließlich in eine von Hass, Wut, Neid oder schlimmer noch Mord, Totschlag und Krieg regierten Welt inkarniert, um zu Lernen?

Aber heißt es nicht auch, aus Fehlern lernt man!

Oder: das Leben ist Schule!

Mit der Rückschau in frühere Leben, mit der Verbindung zu früheren Kulturen und Kulturgütern, kann man jedenfalls einen Funken Verständnis dafür erhalten, wo unsere Wurzeln liegen, was unser Ansinnen ist und wie unsere Prägungen zu Stande kommen.

Und so erfahren wir, wir sind Seelen aus der Gesamtheit der Seelen, aus der wir kommen und in die wir gehen. Wie die Tropfen, die sich nur gemeinsam zur Weite des Ozeans verbinden können.

Aber dazu ist es wichtig, darauf zu vertrauen!

Was ist Dharma?

Dharma ist als Vorstufe zum Karma anzusehen.

Lebt man im absoluten Einklang, in Frieden und Harmonie mit seiner Umwelt, den Menschen, Tieren und der Natur, ist man in der vollkommenen Glückseligkeit und der absoluten Fülle. Fügt man allerdings einem von ihnen auch nur den geringsten Schaden zu und lebt daher in Disharmonie und Unverständnis der allumfassenden Liebe, hat man eine karmische Wirkung ausgelöst, die es nun zu erfahren und daraus zu lernen gilt.

Gleich der goldenen Regel:

„Was du nicht willst, das man dir tu, das füg´ auch keinem andern zu."

Oder vereinfacht: „Wie man in den Wald ruft, so schallt es heraus."

Du hast folgerichtig dein Glück selbst in der Hand. Achtest du deine Mitmenschen und die Umwelt mit all ihrer Schönheit und ihren lebendigen Bewohnern, wirst du dich vor Not, Elend und Unglück schützen und dein Leben im Sinne der universellen, Geistigen Welt verbringen.

Ein altes indisches Sprichwort besagt:

„Lerne jeden Tag durch das Karma
und lebe jeden Tag gemäß dem Dharma!"

Was ist Karma?

Caroline vertraute mir an, dass sie sich in Bezug auf ihren spirituellen Weg ständig blockiert fühle. Während der Rückführung wurde sie zur Kräuterfrau und Heilerin, die äußert erfolgreich war. Dem damaligen Herrscher kam dies zu Ohren und er ließ die Frau zu sich bringen. Da er an ihr großen Gefallen fand, sie sich ihm jedoch verweigerte, wurde sie schließlich in einen Kerker gesperrt, um sich zu besinnen. Erst nachdem sie eingelenkt und sich ihm hingegeben hatte, wurde sie begnadigt und am Hof als Köchin angestellt, wo sie ihm auch weiterhin stets zu Diensten sein musste. Ihr einziger Gedanke galt jedoch der Rache. Sie revanchierte sich schlussendlich, indem sie eine von ihr zubereitete Speise mit Gift versetzte. Doch der Tod traf nicht, wie von ihr erwartet, den Herrscher selbst, sondern dessen Bruder - und so kam es, dass sie als Hexe am Scheiterhaufen endete.

Glaubt man an die Existenz früherer Leben, spielt das Wort Karma, das der vedischen Sprache, dem Sanskrit entstammt, eine wichtige Rolle.

Das Wort Karma, das übersetzt so viel wie „Tat" heißt, bedeutet also, dass du in einem früheren Leben (oder auch dem jetzigen) durch dein Denken, Fühlen oder Handeln Taten gesetzt hast, für die du nun die Verantwortung übernehmen und tragen musst, um sie auf diesem Wege einer (Auf-)Lösung zuzuführen. Und das immer und immer wieder, also Leben um Leben, bis du sie endlich gelöst hast.

Es gilt daher: was du empfindest, denkst, sprichst, tust und wünschst und mit negativen Energien und Gefühlen verbindest, bekommst du so lange präsentiert, bis du es verstanden, entsprechend verarbeitet und geändert hast.

Morde ich, werde ich ermordet.

Stehle ich, werde ich bestohlen.

Hasse ich, werde ich gehasst.

Auf Aktion folgt Re-Aktion!

Agiere ich auf bestimmte, negative Weise, darf ich mich

über ein negatives Re-Agieren der Betroffenen also nicht wundern.

Vergleiche es mit dem Rad eines Autos. Je öfter du gegen Randsteine oder sonstige Hindernisse fährst, umso mehr und intensiver wird es sich als Unwucht zeigen und auswirken. Das Fahrzeug wird sich schließlich nur noch schwer steuern lassen und die Lenkung immer unruhiger in deinen Händen liegen. Solange du die Deformation der Räder hinnimmst und sie in ihrem Zustand belässt, musst du daher immer wieder damit rechnen, dass dein Fahrzeug ausbricht. Erst wenn du dich dazu entschließt entgegenzusteuern, indem du die Reifen entweder runderneuern oder wechseln lässt, werden auch deine Ausfahrten wieder ruhig und sicher werden.

Karma heißt folglich nichts anderes als, dass alles was du aussäst du auch ernten wirst.

Und das eins zu eins!

Wenn du Kartoffeln pflanzt kannst du daher nicht erwarten wunderschöne, rote Rosen zu erhalten.

Das Saatgut wählst du also ganz alleine und nur du bist dafür verantwortlich!

Ohne wenn und aber!

Hast du einmal gesät, dann erntest du die gewollten oder ungewollten Früchte daraus.

So ist also das Rad des Schicksals!

Doch du hast es selbst in der Hand, denn Schicksal ist veränderbar!

An dieser Stelle passt ein Zitat von William Shakespeare:

Nichts ist gut oder schlecht;
es sind unsere Gedanken, die es dazu machen.

Uns wird also nichts nur mal so vor die Nase gesetzt, um zu sehen, wie man damit fertig wird.

Nein!

Wir selbst haben es uns so ausgesucht!

Karma und die Opferrolle

Genauso verhält es sich mit dem Gedanken, immer das arme Opfer zu sein. Diese Rolle hat dir niemand aufgebürdet, du selbst hast sie dir ausgesucht und dich schließlich in diese begeben. Wem solltest du auch Vorwürfe machen, wenn du immer nur gibst, aber gerade dann den Dank abwiegelst, wenn sich diese Menschen erkenntlich zeigen wollen?

Irgendwann wird dieses Gebertum zur einseitigen Selbstverständlichkeit. Es macht sich keiner mehr Gedanken dabei, deine Hilfe zu beanspruchen. Im Gegenteil, es wird sich herumsprechen und immer mehr Nehmer werden sich bei dir einfinden. Hier fügst du dir also nur selbst Schaden zu und schaffst dir dadurch wieder ein Karma.

Das Leben ist ein stetes Geben und Nehmen, aber im Laufe der Zeit bleiben sowohl Nur-Geber, als auch Nur-Nehmer auf der Strecke.

Karma als Aufgabe

Karmische Themen äußern sich im Jetzt durch bestimmte Vorlieben und Abneigungen. Warst du mal jemand, der leidenschaftlich zur See gefahren ist, wird für dich das Element Wasser ein durchaus vertrautes und geliebtes sein. Hast du allerdings, vielleicht mal sogar gegen deinen Willen, auf einem Schiff angeheuert und musstest anschließend dein Leben lassen, da dein Schiff in einem enormen Sturm gesunken ist, wirst du Wasser als Gefahr sehen und eine damit verbundene Angst leben. Das heißt, all unsere Phobien oder Neigungen haben eine unmittelbar gelebte Ursache.

Vergleichen wir es mit dem Einmaleins. Ohne es jemals gelernt und erfahren zu haben, wäre es kein Teil von uns. Nun aber hat es sich ganz tief in uns eingegraben, sodass die meisten von uns des Nächtens geweckt werden könnten und auf 3x3, 4x8 und 9x9 spontan, ohne viel nachzudenken, die Antwort wüssten.

So ist es auch mit den karmischen Mustern und Verstrickungen. Sie sind ganz tief in uns verankert und verwurzelt. Aus irgendeinem Anlass oder durch irgendeinen Auslöser treten sie plötzlich und wie aus heiterem Himmel an die Oberfläche. Man hat allerdings, zumindest im selben Moment, dafür wissentlich keine Erklärung. Weißt du noch genau, wann du das Einmaleins gelernt hast? Den Tag? Das Jahr? Oder auch nur, wie du es erlernt hast? Vermutlich nicht, aber es ist trotzdem da! So ist es auch mit den karmischen Verflechtungen. Du bekommst Aufgaben gestellt, die dich blockieren oder weiterbringen können. Sieh daher jede dir gestellte Aufgabe als Geschenk und arbeite an der Lösung! Bring dich weiter und blockiere dich nicht stets, in dem du dich bedauerst und im Selbstmitleid und Selbstzweifel zerfließt. Wie viele Menschen befassen sich leidenschaftlich gerne mit dem Lösen von Kreuzworträtseln? Nimm dein Leben als Rätsel und versuche es, unter Zuhilfenahme des Lösungsteils (der Rückführung), zu entschlüsseln! Wie beim Zerbrechen eines chinesischen Glückskekses wirst du auch hier (tief) im Inneren die Erfüllung finden.

Unterschied karmisches Muster - karmische Verbindung

Der Unterschied liegt darin, ob du ein Problemthema immer wieder mit ein und demselben oder mit vielen verschiedenen Menschen durchlebst.

Nehmen wir an, du bist eine Frau, die von ihrem Partner beinah täglich geschlagen und beschimpft wird. Trotzdem verzeihst du ihm immer wieder, da du daran glaubst, dass sich dieser Umstand eines Tages ändern wird.

Hier handelt es sich eindeutig um eine karmische Beziehung bzw. Verbindung.

Bist du jedoch eine Frau, die immer wieder denselben Typ Mann anzieht, einen, der anfangs lieb und zärtlich, aber nach nur wenigen Monaten stets betrunken und aggressiv ist, dann handelt es sich um ein karmisches Muster.

Wirst du an deinem Arbeitsplatz von einem einzelnen Kollegen ausgenützt und gemobbt (karmische Verbindung) oder passiert dir das trotz ständigem Wechsel auch in anderen Firmen immer und immer wieder (karmisches Muster)?

Die Geschichte der Reinkarnationstherapie

Obwohl der Glaube an die Reinkarnation selbst weit vor Christi Geburt ihren Ursprung zu haben scheint, hat die Rückführungstherapie doch erst sehr viel später, nämlich während der Fünfzigerjahre, in unseren Breiten ihren Einzug gehalten. Galt es Mitte der Siebzigerjahre noch als modisch sich rückführen zu lassen, ist es mittlerweile ein fester Bestandteil therapeutischer Arbeit geworden.

Mit der Entstehungsgeschichte ist im deutschsprachigen

Raum vor allem der Name Thorwald Dethlefsen eng verbunden, der mit seinen Studien über Rückführungen in die pränatale Phase, die Geburt und auch frühere Leben Aufsehen erregte.

Wozu dient eine Reinkarnationstherapie?

Lydia wollte mittels Rückführung den Kampf gegen ihre Kopfschmerzen aufnehmen, da unzählige Arztbesuche nie den gewünschten Erfolg brachten. Sie durchlebte eine Situation eines früheren Lebens, in der sie von Unbekannten mit Holzlatten, welche sie ihr an den Kopf und in den Nacken schlugen, erschlagen wurde. Schon unmittelbar nach der Sitzung waren ihre Kopfschmerzen wie weggeblasen. In einer E-Mail schrieb sie mir, dass sie auch nach Monaten nicht mehr aufgetreten waren.

Nun gibt es dazu also eine - gar nicht mehr so neue, aber in den letzten Jahren umso populärer gewordene - Therapieform, die dir dabei hilft, den karmischen Speicher energetischer Verstrickungen und Muster anzuzapfen und seine Programmierungen aus dem Unterbewusstsein heraufzubefördern, um ihn auf diese Art zu berichtigen, zu deenergetisieren und in weiterer Folge auch eine energetische Auf- und Erlösung zu erwirken. Diese Art der Therapie nennt man Reinkarnationstherapie.

Mit anderen Worten wird das Unterbewusstsein, welches Quelldaten früherer Leben gespeichert hat, dahingehend korrigiert, dass es keine „Fehlermeldungen“ mehr an den Verstand versenden kann.

Vergleichen wir es mal mit der Tätigkeit am Computer. Ist deine Arbeit in einem Programm abgeschlossen, wird sie abgespeichert und du kannst diese Daten von nun an jederzeit abrufen. Aber möchtest du, dass sie sich jedes Mal, wenn du den PC hochfährst, automatisch öffnen? So ist es aber **manchmal** mit unserem Verstand. Dieser bekommt durch fehlgeschaltete Teilspeicherungen einen bestimmten Impuls, nennen wir ihn Halsschmerzen. Obwohl dieser Schmerz vielleicht gar kein Teil deiner karmischen Lebensaufgabe ist, tritt er durch diese Fehlinformation immer wieder auf und erschwert dir auf diese Art dein Leben. Nun siehst du dir mittels Rückführung die Ursache an. Du erfährst, dass du früher einmal ungerechterweise gehängt wurdest, erfährst aber auch von deinem Seelenbegleiter, dass ein diesbezügliches Karma längst aufgelöst und abgeschlossen ist.

Nun kannst du also

1. die Dinge in deinem Verstand entsprechend ordnen und

2. es zulassen, dass dieser Speicherplatz gelöscht wird und sich deine physischen und energetischen Kapazitäten dadurch wieder erhöhen, du also wieder zu einem beschwerdefreien Lebensrhythmus zurück finden kannst.

Die andere Möglichkeit wäre, dass es sich tatsächlich um eine Aufgabe handelt, die du dir zur Auflösung mitgenommen hast, da dein Manko eben im Verzeihen liegt und du in deinen bisherigen Leben nie bereit warst, demjenigen zu vergeben, der dich damals gehängt hat. Hier steht als Lebensaufgabe im jetzigen Leben „das Verzeihen" im Vordergrund. Aber auch in diesem Fall darfst du, mit großer Wahrscheinlichkeit, die Auflösungsarbeit aufnehmen und sie auch positiv abschließen.

Was bewirkt Reinkarnationstherapie?

Reinkarnationstherapie bewirkt, dass sich durch das Wiedererleben früherer Lebens- und Verhaltensmuster Problem(auf)lösungen im Jetzt ergeben. Du wirst also dorthin zurückgeführt, wo die Ursachen für Probleme im heutigen Leben zu finden sind. Das daraus stattfindende Erkennen dieser Probleme und die Auflösung und Loslösung damit verbundener Gefühle bewirkt eine Auflösung karmischer Muster und Verbindungen und damit automatisch eine Besserung deiner Lebenssituation und der Lebensqualität im jetzigen Leben.

Stell dir mal vor, das Dach deines Hauses wäre undicht. Bei jedem Regenwetter tropft es durch die Decke mitten in dein Wohnzimmer. Du nimmst also ein Bodentuch und trocknest damit immer wieder die Pfütze auf. Hört es auf zu Regnen, hast du ohnehin kein Problem. Dann ist es ja trocken! Na ja, beim nächsten Regenguss ist es halt wieder so weit und du kniest wieder am Boden um das Wasser zu entfernen. Ist das die Lösung? Nein! Die einzige Lösung wäre, die Ursache zu beheben und das Dach abdichten zu lassen! Erst dann kannst du dich wieder in Ruhe zurücklehnen und anderen Dingen widmen.

Was ist mit Rückführungen erreichbar?

Die Anwendungsgebiete einer Rückführungstherapie sind überaus vielfältig.

Kurz zusammengefasst halte ich absolut alle Probleme, ob sie nun psychischer, physischer oder organischer Natur sind oder auch auf der Gefühlsebene liegen, mittels Rückführung für lösbar.

Ich möchte daher an dieser Stelle absolut nichts ausschließen, das mit einer Rückführung nicht veränderbar wäre, sofern man einer (Selbst-)Heilung auch nur den Funken einer Chance einräumt und nicht mit allen erdenklichen Mitteln versucht, an einer etwaigen Opferrolle festzuhalten und sich damit selbst um den Heilungserfolg „betrügt".

Rückführung und Déjà-vu

Hast du es schon mal erlebt, dass du an einen Ort gekommen bist, den du in deinem jetzigen Leben niemals zuvor besucht hast, aber trotzdem genau wusstest, was sich wo befindet? Welche Gassen und Straßen es gibt? Wo sich die Kirche und der Friedhof befinden - ja sogar, wie es aussieht, wenn du um die nächste Ecke biegst?

Man hat das Gefühl, dass alles schon einmal passiert ist oder man schon einmal eben an diesem Ort gewesen ist.

Für mich sind diese so genannten Déjà-vu(s) nichts Verwunderliches. Ist doch alles, was wir jemals erlebt haben, also auch alle Geschehnisse früherer Inkarnationen, tief in unserem Unterbewusstsein abgespeichert!

Obwohl von der Psychologie eher in das Eck der Psychosen und Neurosen gestellt, sind Déjà-vus für mich absolut authentisch. Macht man nämlich mit Menschen, die dieses Gefühl tatsächlich mal erfahren haben, eine Rückführung, merkt man sehr bald, dass diese sich bis ins allerkleinste Detail an Dinge erinnern, die sie unmöglich wissen konnten.

Flashback

Im Gegensatz zum Déjà-vu, bezeichnet Flashback eine Situation in die du durch bestimmte Auslöser, so genannte Anker oder Trigger, ganz spontan zurückversetzt wirst. Zum Beispiel ein bestimmtes Lied, das dich an deine erste Liebe erinnert oder der Geruch von Tannenduft und Zimt, der dich an ein wunderschönes Weihnachtsfest denken lässt.

Ein Flashback kann folglich dann passieren, wenn ein bestimmter Anker, den du dir unwissentlich gesetzt hast, aktiviert wird. Dies muss also nicht zwangsläufig eine unangenehme Situation gewesen sein.

Obwohl wir uns solche Trigger unbewusst setzen, treten sie doch häufig dann auf, wenn man sich an unangenehme Vorfälle erinnert fühlt. Ein Mann, der fast genauso aussieht wie der, der mich beinahe vergewaltigt hätte, verursacht automatisch so einen Flashback und versetzt mich von einer Sekunde zur nächsten in eben diese Situation zurück. Unangenehme Flashbacks können aber im Zuge einer Rückführungssitzung so - mit angenehmen Erinnerungen - überlagert werden, dass eine vollkommene Auflösung oder zumindest eine wesentliche Erleichterung erfahren wird.

Hast du beim Lesen dieses Kapitels Angst empfunden?

☐ **Ja** ☐ **Nein**

Das Leben als Bühne

REGIE

Das was wir Tod nennen,
ist in Wahrheit der Anfang des Lebens
Thomas Carlyle

Die Bühne

Versetze dich bitte nun mal in die Lage eines Schauspielers. Du begibst dich in den Seelen-Kostümfundus und siehst nach, was sich dort so findet. Du gustierst darüber, welche Ver-Kleidung für deine nächste Rolle auf der „Bühne des Lebens" - am besten geeignet wäre. Zuerst ziehst du dir mal einen männlichen Körper über, drehst und wendest dich und begutachtest dein Spiegelbild. Anschließend probierst du eine weibliche Hülle. Du überlegst und wiegst ab. Du blätterst im Drehbuch der Akasha-Chronik (dazu noch später) nach. Während der Generalprobe, in der du einige Szenen nachspielst, entscheidest du dich schließlich, dass diesmal eine weibliche Rolle besser zum Thema passen würde. Du schlüpfst also für deine Geburt hinein und versuchst nun dein Bestes zu geben. Du verkörperst deine wichtigste Rolle, dein Lebens-Werk. Um dich für die Seelenebene zu reinigen und zu stärken ist es notwendig, alles zu geben. Du möchtest diesmal schließlich auch erstmals den Preis für den besten Darsteller, den „Seelen-Oscar", gewinnen.

Der Darsteller

Sobald du inkarnierst, stehst du nun also auf diesen Brettern, die die Welt bedeuten und spielst die Hauptrolle im Stück „LEBEN". Geburt und Tod, sowie deine Haupt-(problem)themen stehen ja schon im Drehbuch, auch das Bühnenbild sprich die Umgebung in die du geboren wirst - und die Nebendarsteller wählst du schon zuvor aus. Das heißt, die Rahmenhandlung ist bereits fixiert. Du hast allerdings nun die Freiheit einen Großteil deiner Aktivitäten frei zu gestalten.

Da der Weg das Ziel ist, bleibt es nun dir selbst überlassen, ob du den kürzesten oder einen mit vielen, vielen Umwegen wählst.

Die Nebendarsteller

Nun brauchst du noch Nebendarsteller. Der wohl schwierigste Teil für die Drehbuchautoren. Jeder Nebendarsteller ist schließlich zugleich auch Hauptdarsteller, zumindest für sein eigenes Leben. Also müssen sich Haupt- und Nebenrollen ergänzen, ineinander fließen und so einen nahtlosen Übergang bilden. Aber selbst das stellt kein Problem dar, da das Drehbuch vom Universum und seinen geistigen Helfern verfasst wird und dermaßen ausgeklügelt ist, dass alle Eventualitäten berücksichtigt wurden.

Die Aufführung

Guten Abend, sehr geehrte Damen und Herren!

Ich darf sie, im Namen aller Mitwirkenden, hier, im Erdentheater, recht herzlich begrüßen.

Das von uns aufgeführte Stück handelt von inkarnierten Seelen, die das Licht und die Liebe der Geistigen Welt auf Erden leben (sollten).

Überdies handelt es von Selbstliebe, Nächstenliebe, Harmonie, Toleranz und Akzeptanz.

Wie du es dir selbst auferlegt hast, versuchst du nun dein absolut bestes zu geben. Da aber das Beste nicht immer gut genug ist, bemerkst du die kritischen Blicke, denen du ausgesetzt bist. Und so schlitterst du wieder hinein, in diese negativen Emotionen und Gefühle, die dir auf Seelenebene so völlig fremd waren. „Ja was wollen sie denn nun wieder? Bin ich ihnen nicht gut genug? Ach, sie sollen doch selbst versuchen, es besser zu machen und mich gefälligst in Ruhe lassen!“ Deine Kritiker bemerken deine negative Einstellung immer intensiver und werden mit ihrer Kritik immer lauter. Du spielst also das Stück missmutig, lieblos und ohne Freude zu Ende.

Der Abgang

Obgleich du dir so gewünscht hast unter tosendem Applaus abtreten zu dürfen, dringen dir gellende Pfiffe durch Mark und Bein.

Trotzdem verbeugst du dich noch ein letztes Mal, bevor der Vorhang - in dieser Ver-Kleidung - für immer geschlossen wird.

Danach begibst du dich zur Teambesprechung. Wer oder was war Schuld am Scheitern? Was kannst du nächstes Mal besser machen? Wie kannst du dich authentischer präsentieren?

Sei es, wie es sei. Du hast dein Stück beendet und dein Kostüm wieder abgelegt. Du nimmst es noch mit zum Brainstorming, also Gedankenaustausch mit der Geistigen Welt, danach reinigst du es, bevor du es für immer, zur Seite legst.

Du benötigst es ja nun nicht mehr. Solltest du wieder mal spielen, dann mit Sicherheit ein anderes Stück, mit anderer Rolle, anderer Verkleidung und viel, viel mehr Erfolg!

Die Geschichte von Karen und Mary

Sie wäre wohl wunderschön gewesen, wie sie so vor dem Spiegel stand und ihr langes, schwarzes Haar kämmte. Wäre da nicht dieser seltsame Gesichtsausdruck gewesen, der ihre wahre Natur widerspiegelte.

„Irgendwie müsste es doch möglich sein, meine Stieftochter, dieses verwöhnte kleine Gör, zu beseitigen", dachte sie.

„Alle Aufmerksamkeit dieses 85 Jahre alten Widerlings gilt nur diesem verzogenen kleinen Ding. Am Ende vermacht er ihr noch alle Besitztümer, ich steh mit leeren Händen da und habe jahrelang vergeblich meine Schönheit geopfert."

Plötzlich vernahm sie aufgeregte Stimmen, die durch die große Villa hallten: „Mary, Mary, Maryyyyyy...! Sie ist verschwunden!"

Ihre Augen blitzten als ihr Verstand das Gehörte verarbeitet hatte. „Verschwunden? Welch glücklicher Zufall!", entfuhr es ihren Gedanken und ein schadenfrohes Lächeln huschte über ihr Gesicht.

„Doch halt, was, wenn sie doch wieder auftauchen und ihren Besitz beanspruchen würde?" Ihr Blick verfinsterte sich zunehmend. Grübelnd stand sie da und kämmte, gedankenversunken immer noch ihr volles, hüftlanges Haar. „Natürlich", entfuhr es ihr, das war die Gelegenheit, sie würde sich an der Suche beteiligen, dieses kleine Miststück finden und ihr endgültig den Gar ausmachen. Alles würde wie ein Unfall aussehen. Keiner sie verdächtigen." Nun huschte ein böses, fratzenhaftes Lächeln über ihr Gesicht.

Der Wind blies ihr durchs Haar als sie in ihrem schwarzen Morgan mit offenem Verdeck über die Landstraße flitzte und dabei fast den vor ihr querenden Radfahrer übersehen hätte.

Keiner kannte das Mädchen wie sie. Sie hatte jede ihrer Gesten, ihre Mimik, ihre Art sich zu bewegen, ja selbst ihre Gewohnheiten bis ins Kleinste studiert.

Wäre da nicht das viele Geld, hätten sie beinahe Freundinnen werden können. Hielten sie die Leute doch seit jeher für Schwestern, so ähnlich waren sie sich. War ihre Stieftochter doch erst 27 und sie selbst 29 Jahre alt.

Schnell wischte sie diese Gedanken wieder beiseite. Schließlich ging es um ein Vermögen von 50 Millionen englische Pfund. Die Villa und die anderen Besitztümer noch gar nicht eingerechnet.

„Nein, so schnell werde ich nicht aufgeben!“

Tatsächlich fand sie Mary genau dort, wo sie keiner - außer ihr - vermutet hätte.

Das kleine idyllische Cafe mitten in London, wo sie, unter den ganzen reichen Damen mit ihren langen Kleidern und ausladenden Hüten, überhaupt nicht auffiel.

Sie saß da, rührte gedankenverloren in ihrem, bereits kalten, Kaffee und ließ ihren Tränen freien Lauf.

Als ihre Stiefmutter zum Tisch trat schrak Mary mit einem Ruck auf und sah direkt in die von Eiseskälte erfüllten Augen. Augenblicklich sank sie wieder in sich zusammen.

„Darling, was tust du uns nur an“ säuselte Karen. „Dein Vater macht sich Sorgen, du weißt doch, sein krankes Herz, sei doch ein wenig rücksichtsvoller“ drang es, zugleich vorwurfsvoll als auch zynisch, an ihr Ohr.

„Entschuldige mich bitte“, presste Mary gerade noch zwischen ihren zusammengebissenen Lippen heraus, als sie fluchtartig in Richtung der Toiletten verschwand und dabei beinahe den Tisch umgestoßen hätte.

„Das ist die Gelegenheit“ dachte Karen, kippte das Gift in die Tasse und ließ den Rest, zum Beweis des Selbstmords, unter den Tisch fallen.

Als sie mit eilenden Schritten das Cafe verließ, hielt sie kurz inne und sah sich noch mal um. Niemand hatte sie bemerkt, alle waren zu sehr mit sich selbst beschäftigt, verriet ihr ein schneller Blick.

Bereits 3 Stunden später läutete es an der Tür der großen Villa.

Als der Inspektor dem alten Mann die traurige Nachricht überbrachte, sank dieser, nach dem er sich kurz an sein Herz gefasst hatte, leblos zu Boden.

Ein innerlicher Jubelschrei ertönte, bevor sie ihren Tränen freien Lauf ließ, um die Trauernde zu mimen.

Sie hatte es geschafft!......

Hast du alles so richtig miterlebt?

Es vor deinem inneren Auge gesehen?

Warst du vielleicht sogar mit deinen Emotionen dabei?

Eine wirklich schlimme Sache, die dieser jungen Frau und ihrem Vater da widerfahren ist! Findest du nicht auch?

Doch hat man nicht auch dir schon, als du noch ganz klein warst, derlei Geschichten erzählt oder vorgelesen?

Zum Beispiel das Märchen von Schneewittchen, das sich doch - im entfernteren Sinne - genauso abgespielt hat.

Ich möchte mit dieser Geschichte in keinem Fall die Seriosität von Rückführungen in Frage stellen, sondern lediglich zu verstehen geben, dass man bereits im Kindesalter mit genau diesen Dingen konfrontiert wurde und sie bestens verarbeitet hat.

Warum also sollte man dies als Erwachsener nun nicht tun?

Warum sollte man eine Rückführung nicht verarbeiten können und danach verstört und geistig verwirrt umherlaufen und die Welt nicht mehr verstehen?

Es gibt meines Wissens nach keinen einzigen dokumentierten Fall, in dem jemand während oder nach einer Rückführung in ein früheres Leben ernsthaften Schaden erlitten hätte!

Warum sollte man also jahrelange Therapien in Betracht ziehen und bezahlen, wenn man Probleme, die einen vielleicht schon seit Jahrzehnten quälen, auch mit einer einzigen Sitzung lösen kann?

Das Problemthema

Aber nun zurück zur bösen Stiefmutter.

Stell dir vor, dass alles genau so passiert ist.
In einem früheren Leben!
Deinem früheren Leben!

Stell dir weiter vor, dass du - im jetzigen Leben - das ungeliebte Kind deiner Eltern bist und dich seit Jahren fragst, warum dem so ist.
Du wurdest von ihnen in deiner Kindheit halb tot geprügelt, bekamst fast nichts zu essen, auch um deine Kleidung kümmerte sich niemand. Du aber musstest ihnen, wie eine Magd Tag und Nacht zu Diensten sein.
Du hast bis zum heutigen Tag noch immer nicht verstanden, warum sie so grausam zu dir waren, obgleich du dich doch so bemüht hast ein liebes und braves Kind zu sein. Noch heute quälen dich diese Kindheitserinnerungen und lassen dich mitunter schweißgebadet aus dem

Schlaf hochschrecken.

Die Auflösung

Wenn du nun im Zuge einer Rückführung erfährst, dass du damals diese böse Stiefmutter warst, die Mary und den alten Mann in den Tod getrieben hat und überdies noch weißt, dass sie heute Mutter und Vater von dir sind, dann würde sich für dich auch deine Kindheit erklären und du könntest ihnen und auch dir selbst verzeihen. Im Wissen, dass du dir als Aufgabe genommen hast, diese karmische Verbindung im Hier und Jetzt zu tragen und aufzulösen.

Hast du beim Lesen dieses Kapitels Angst empfunden?

☐ **Ja** ☐ **Nein**

Die Angst (vor der Angst)

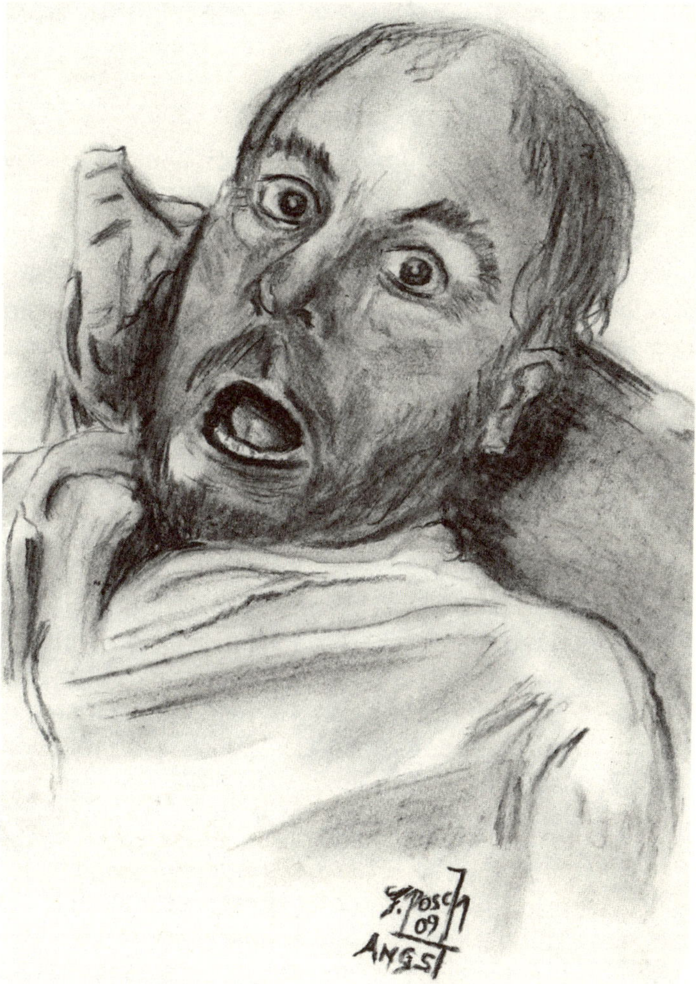
ANGST

Ich weinte, weil ich keine Schuhe hatte,
bis ich einen traf, der keine Füße hatte
Helen Keller

Die Angst vor der Sitzung

Angst ist ein Urinstinkt der Menschheit und dient dazu, uns in Situationen, in denen Gefahr droht, entsprechend zu schützen.

Sie ist daher ein Schutzmechanismus, den man aktiviert, um bedrohliches gar nicht erst an sich heranzulassen, sondern im Gegenteil, manche Dinge von vornherein auszuschließen, um nicht unnötig in Gefahrensituationen zu geraten.

Es ist also wie beim Überqueren einer stark befahrenen Straße. Hier geht man auch nicht schnurstracks und blindlings einfach drauf los, sondern vergewissert sich vorher durch einen Blick nach links und rechts, ob ein gefahrloses Überqueren der Fahrbahn möglich ist.

Doch welche Gefahr ist es, die beim Wiedererleben längst vergangener Dinge drohen kann? Nun wird erzählt, dass Menschen bei Rückführungen angeblich den Verstand, ja sogar das Leben verloren haben. Interessant! Woher beziehen diese Leute ihre Informationen und ihr Wissen?

Wie sollte das denn funktionieren?

Bei Rückführungen ist es ja genau dieses vorsichtige, umsichtige Verhalten, also das Umsehen, das uns auf längst vergangene Gefahren aufmerksam macht. Wir begeben uns nicht in Gefahr, sondern erkennen diese lediglich dadurch, dass wir sie wiedererleben und sie uns dadurch erst richtig bewusst machen. Und genau hier liegt der große Unterschied!

Bist du schon mal an einer Unfallstelle vorbeigefahren, an der offensichtlich gerade ein Mensch sein Leben lassen musste?

Wäre es dir in den Sinn gekommen, gleich darauf das Gaspedal deines Wagens bis zum Anschlag durchzutreten und mit 200 Sachen durch die Gegend zu rasen?

Mit Sicherheit nicht!

Hier liegt der Beweis, denn genau diese Dinge sind es, die uns nicht zur Unachtsamkeit verleiten, sondern im Gegenteil zu mehr Vorsicht mahnen!

Auf den Punkt gebracht heißt das für Reinkarnationssitzungen, dass dich eine Rückführung vielleicht in eine Gefahrensituation bringen kann, sie wird dir aber nicht schaden, sondern dir lediglich dazu verhelfen, Gefahren im jetzigen Leben besser abschätzen und einstufen zu können. Angst im Bezug auf eine Rückführung bedeutet daher, sich vor etwas zu schützen, das einem helfen könnte.

Angst ist daher das Unwort schlechthin für Rückführungen .

Wie kann ich mich vor Hilfe ängstigen? Oder fürchtest du dich auch vor einem Polizisten der dich sicher über eine Straße geleitet, einem Arzt, der dich gesund machen möchte, einem Feuerwehrmann der dein brennendes Hab und Gut löscht?

Also hast du nun Angst, oder fürchtest du dich lediglich davor Angst zu haben?

Denken wir zuerst mal nach, wovor es sich tatsächlich lohnt, Angst zu haben. Hm, vielleicht vor einem Raubüberfall, bei dem man mit einer Schusswaffe bedroht wird und um sein Leben bangt. Eventuell auch vor langer, unheilbarer und mit großen Schmerzen verbundener

Krankheit und dem damit verbundenen dahinsiechen bis zum letzten Atemzug.

Ja, das wären wirkliche Gründe!

Apropos Krankheit. Warst du schon mal in einem Krankenhaus um dich einer Operation zu unterziehen? Ja? Dachte ich mir. Und wie ist es dir davor ergangen? Hattest du auch so ein flaues Gefühl in der Magengegend? Hast du damals auch in Erwägung gezogen, was passiert, wenn der Anästhesist versagt und du nie mehr aus der Narkose erwachen wirst? Vermutlich war auch dies eine der Überlegungen die du im Vorfeld angestellt hast! Gut, wie ich sehe, hast du die OP ja trotzdem gut überstanden. Lass uns also ein wenig über diese plaudern. Ruf sie dir ins Gedächtnis, erzähl mir davon! Also, wie war das mit der Angst, damals? Fühl dich mal so richtig rein. Und? Wie fühlt es sich an? Was, es gelingt dir nicht? Interessant! Aber du hast sie doch damals so richtig intensiv empfunden, nicht wahr? Gut, du kannst mir also zwar von den Emotionen und Gefühlen erzählen, aber du ängstigst dich nicht dabei. Du kannst dich ja vollkommen neutral darüber unterhalten!

That´s it!

Die Frage, warum habe ich Angst vor Rückführungen, sollte sich genau aus diesem Grunde daher gar nicht stellen. Faktum ist doch, dass ich mich vor längst geschehenen Dingen gar nicht ängstigen muss! Natürlich bleibt immer ein mulmiges Restgefühl bestehen. Aber Angst? Nein.

Also haben wir das Thema Angst nun mal ein wenig minimiert oder gar beiseite geschoben.

Die Angst vor der Angst

Wie sieht es nun mit der Angst vor der Angst aus? Menschen, die sich vor Rückführungen ängstigen, fürchten sich eigentlich nur vor dem, was sie glauben zu sehen oder zu erleben! Also haben sie Angst davor, bei der Sitzung in eine Situation zu kommen, in der sie Angst empfunden haben. Und genau davor haben sie Angst.

Interessant, nicht wahr?

Nachbars Schäferhund hat mich mal gebissen, danach fürchtete ich mich vor ihm und heute habe ich Angst vor allen Hunden, da ich mich ja schließlich noch immer an damals erinnern kann. Okay, hier haben wir wieder den Beweis. Was hat mich der Vorfall mit dem Hund gelehrt? Ich sollte im Umgang mit fremden Hunden nicht zu unvorsichtig sein. Er hat mich also zur Vorsicht gemahnt! Siehst du? Nichts desto trotz habe ich keine Angst davor, an die damaligen Geschehnisse zurück zu denken.

Mal ehrlich, wir stehen mit beiden Beinen im HIER UND JETZT, daher können uns Situationen aus früheren Zeiten und Leben - auch wenn sie noch so schlimm waren - weder übermäßig erregen, noch extrem ängstigen. Und schon gar nicht können sie uns schaden!

Im Gegenteil, sie sind dabei behilflich Handlungen im Heute zu erkennen und zu verstehen!

Aber eines ist mir auch bewusst, all das, was nicht wissenschaftlich erklärbar ist oder mit Allgemeinmedizin und Psychologie zu tun hat, kann und darf es nicht geben und wird von den Medien und verschiedensten Institutionen daher auch gebrandmarkt.

In das heutige Weltbild passt natürlich nur unschwer eine Therapieform, welche die Selbstheilungskräfte aktiviert und einen Erfolg bereits nach nur wenigen Sitzungen herbeiführt und schon gar nicht, wenn es lediglich einer einzigen Sitzung bedarf! Ist doch in unserer schnelllebigen Welt alles auf Profit ausgerichtet. Und wo bitte ist dieser, wenn ich doch an einer zweijährigen Sitzungsdauer wesentlich mehr verdienen kann?

Vertrau mir! Ich habe bereits tausende Sitzungen geleitet und weiß wovon ich rede, respektive schreibe.

Versuch es einfach mal! Geh einfach ruhig und stressfrei zu deiner Sitzung. Es kann und wird dir nichts geschehen, denn dein Unterbewusstsein, in Verbindung mit deinem Verstand, deinem Seelenheiler und der Geistigen Welt, werden gut auf dich achten.

Spiel also nicht die Schnecke, die sich in ihr Haus zurückzieht, sondern öffne dich, dann wird dir geholfen, dir selbst zu helfen!

Ich habe tatsächlich noch niemals erlebt, dass jemand nach einer Sitzung zu mir gesagt hätte: „ich bin froh, dass es vorbei ist, so etwas mache ich nie wieder“! Meinst du nicht auch, dass das für sich spricht?

Wie viele Sitzungen sind erforderlich?

Meistens eine einzige Sitzung (pro Problemthema)!

Bei meiner speziellen Art der Reinkarnationstherapie kann man Problemthemen beinahe immer schon nach nur einer Sitzung auflösen. In manchen Fällen bedarf es einer Anschlusssitzung, die uns dann direkt in das Seelenleben führt. Jedoch bin ich mir auch im Klaren, dass Problemthemen, die danach nicht aufgelöst sind, mittels Reinkarnationstherapie nicht zu lösen sind. Auch nach hundert Sitzungen nicht! Dies liegt dann einzig und alleine an der Einstellung und der damit verbundenen, fehlenden Selbstheilungskraft des Klienten.

Manche Menschen fühlen sich leider in der Opferrolle am wohlsten.

Meist sind das Leute, die am Donnerstag Termin bei einem Geistheiler und Samstag bei einer Familienaufstellung haben. Nun fällt ihnen ein, dass sie am Freitag noch Zeit für eine Rückführung hätten. Diesen Klienten schlage ich dann stets vor, mir das Sitzungsgeld im Vorbeifahren beim Fenster herein zu werfen, denn daran, dass irgendetwas wirklich helfen und problemlösend wirken könnte, glauben diese Menschen ohnehin nicht.

Es gibt, zum Leidwesen der Klienten, aber auch Therapeuten, die dich vom Start weg zu 10 oder 20 Sitzungen áu Block verpflichten. Diesen stand ich schon immer sehr skeptisch gegenüber.

Eine ehemalige Kursteilnehmerin hat mir meine Skepsis bestätigt.

Eines meiner Seminare in Deutschland wurde von einer Teilnehmerin aus Luxemburg besucht. Sie erzählte mir von einer Reinkarnationstherapie, die sie kurz davor besuchte. Abgesehen davon, dass jede Sitzung damit begann, dass sie ca. 20 Minuten hyperventilierend Atmen musste, musste sie überdies 20 (!) Sitzungen über sich ergehen lassen, in denen sie ein virtuelles, zweistöckiges Haus zu durchwandern hatte. In jedem Stockwerk befanden sich 10 Türen und hinter jeder dieser fand sie sich in einem früheren Leben wieder. Als Mineral, als Pflanze, als Tier, besah sich ihr erstes Leben, das Leben vor dem jetzigen Leben, ihr schönstes Leben, ein Leben auf einem anderen Planeten und so weiter und so fort. Im Anschluss an jede Sitzung musste sie daheim ein Sitzungsprotokoll anfertigen.

Also mehr oder minder ein Rückführungstagebuch führen.

Es gab niemals eine Nachbesprechung, es wurde niemals Auflösungsarbeit geleistet. Lediglich das Niederschreiben des Erlebten diente als therapeutische Arbeit.

Sie meinte: „Ich weiß bis heute nicht, warum ich dort war!"

Ich bin der Meinung, dass jedes Individuum sein eigenes Seelenleben hat, also die Seelen von z.B. Tieren und Menschen im Jenseits nicht vermischt und ausgetauscht werden. Abgesehen davon würde mich interessieren, was ein Leben als Tier, Pflanze und Mineral mit einem Problemthema - zum Beispiel ständigen Kopfschmerzen - zu tun hat oder haben könnte?

Es gibt nur eine Möglichkeit, dass eine menschliche Seele in Tiergestalt inkarniert. Dies dann, wenn sie während einer menschlichen Inkarnation Tiere quält oder auf grausame Weise tötet. Denn in diesem Fall muss dieser Mensch irgendwann erfahren, wie es sich anfühlt als Tier gequält und getötet zu werden.

Ich möchte an dieser Stelle keinesfalls meine Arbeit als die Ultimative und einzig richtige darstellen. Allerdings kommen mir derlei Techniken, insbesondere wenn sie mit einem Betrag von einigen tausend Euro honoriert werden müssen, doch eher suspekt vor.

Ich möchte aber trotzdem nochmals betonen, dass es für die Auflösung von Problemen in der Regel einer einzigen Sitzung bedarf, sofern diese auch tatsächlich auf das Thema bezogen und abgestimmt ist.

Reise in das Seelenleben als Folgesitzung

Wie bereits zuvor erwähnt kann man im Anschluss an eine Rückführung auch noch eine Seelenreise unternehmen.

Dabei handelt es sich um das Entdecken unserer eigentlichen Aufgaben, unseres eigentlichen Ursprungs. Das Erleben und Fühlen im Leben zwischen den Leben.

Die Reise in das Seelenleben empfehle ich all jenen, die erfahren wollen, wo ihre Wurzeln liegen oder auch Klienten, die Problemthemen im jetzigen Leben durch eine Rückführung nur teilweise aufgelöst haben.

Bei dieser Art der erweiterten Rückführung begeben wir uns also direkt in die geistige Welt und lassen uns von unserem Seelenbegleiter herumführen. Dabei besuchen wir verschiedene Orte, an denen wir uns nach einer Inkarnation regenerieren, unsere Seelengefährten treffen können, den Ältestenrat befragen oder auch unseren Körper für zukünftige Inkarnationen aussuchen.

Ziel der Reise in das Seelenleben ist also nicht, die Ursache für Problemthemen zu erforschen, sondern ein besseres Verständnis für unsere eigentlichen Aufgaben zu erfahren. Sich als Seele mit all seinen wunderbaren Eigenschaften voll Liebe und Harmonie zu erspüren, sich als solche anzunehmen, zu identifizieren und diese Erfahrung im Hier und Jetzt zu integrieren.

Danach werden Mücken, welche zum Elefanten hochstilisiert wurden, meist als völlig unbedeutend erachtet und auf diese Art ganz rasch einer Lösung zugeführt, respektive einfach zur Seite geschoben.

Wie lange dauert eine Rückführung?

Wenn du nach einem geeigneten Rückführungsleiter suchst, achte bitte darauf, dass die angebotene Rückführung nicht länger als maximal zweieinhalb Stunden dauert.

Es gibt Therapeuten, die Sitzungen auf sechs bis sieben Stunden anberaumen. Meine Erfahrung zeigt jedoch, dass die Klienten bereits nach etwas mehr als zwei Stunden unruhig werden und dann nicht mehr entsprechend konzentriert sind. Es dauert einfach zu lange. Hier besteht die Gefahr, dass die wichtigste Arbeit der ganzen Sitzung, nämlich die der energetischen Auflösung, bestenfalls halbherzig getan wird und damit den Erfolg minimiert oder ganz verhindert.

Wie fühle ich mich vor der Sitzung?

Das Fühlen vor der Sitzung wird sehr unterschiedlich empfunden. Was sich hoffentlich bei den Menschen, die dieses Buch gelesen haben in Zukunft ändert! Manche Klienten kommen relativ locker und gelöst, andere wiederum eher verkrampft, verhalten und verschlossen. Dritte wieder sind schon seit Tagen in ihren Gefühlen vollends aufgelöst, machen sich tagsüber Gedanken und können nachts kaum schlafen.

Unbegründet, wie wir bereits gesehen haben!

Rückführungen sind einfach NUR der Rückblick auf bereits Geschehenes. Daher werden sie auch bei dir nur positive Veränderungen erwirken.

Wie fühle ich mich während der Sitzung?

Doch noch brennender ist wohl die Frage, wie du dich während der Sitzung fühlst.

Stell dir dazu einfach mal vor, du siehst dir einen packenden Film an. Du bist ganz in die Handlung vertieft. Vielleicht geht es gerade um Leben und Tod deines heiß geliebten Hauptdarstellers. Du sinkst immer tiefer in die Handlung, zitterst mit ihm, leidest mit ihm, bist den Tränen nahe oder sogar schon in ihnen vollends aufgelöst.

In diesem Moment betritt jemand dein Zimmer und sagt: „Du Schatz, was werden wir heute noch essen?“ Du nimmst denjenigen wahr, du hörst auch, dass du etwas gefragt wirst, aber du registrierst die Frage gar nicht, denn du möchtest dich in keinem Fall gerade im spannenden Finale ablenken lassen. Du winkst ab und sagst kurz: „Wart mal eben, der Film ist gleich zu Ende!“ Der Betreffende verlässt resignierend den Raum.

Ungestört kannst du dich nun wieder dem Film hingeben.

Dann ist er zu Ende. Du atmest erleichtert durch.

Danach bist du noch immer ganz ergriffen. Verstehst aber trotzdem nicht, warum es nicht zu dem von dir so heiß ersehnten Happy End kam. Du denkst noch eine zeitlang nach, versuchst vielleicht auch noch das Ende ein wenig umzugestalten und widmest dich schließlich wieder dem realen Geschehen, also der realen Welt.

Erst jetzt fällt dir ein, dass du von deinem Partner etwas gefragt wurdest. Hm, was war es doch gleich? Du musst jetzt erst mal nachfragen, da du zuvor noch ganz in die Handlung des Films versunken warst und nichts anderes für dich wichtig war.

Siehst du, genauso funktionieren auch Rückführungen, du siehst dir einfach den Film eines früheren Lebens an!

Der Alphazustand

Die Sitzungen werden - in der Regel - ohne Hypnose durchgeführt. Du befindest dich daher beinahe im Wachzustand.

Versuch mal folgendes:

Schließe deine Augen und stell dir in deinen Gedanken einen schönen, bunten, knackigen Apfel vor.

Geschafft?

Okay!

Dann halt ihn nun unter fließendes Wasser um ihn zu reinigen. Siehst du noch die Wassertropfen auf der Schale? Fühl mal, wie er sich anfühlt. Beiß nun hinein und erkunde, wie er schmeckt. Kannst du ihn auch riechen?

So. das war nun deine erste Rückführung! Denn genau diese Situation hast du sicher schon mal durchlebt oder zumindest mit angesehen (wenn auch vielleicht nicht gerade mit einem Apfel).

Ist doch wirklich einfach, oder?

Du befindest dich während der Sitzung also in einem Zustand, in dem du derlei Abläufe einfach fließen und kommen lässt. Der einzige Unterschied ist der, dass es sich um ein früheres Leben handelt. Aber sonst gleicht es genau dem oben erwähnten Ablauf!

Du befindest dich also in einem Bewusstseinszustand, in dem du dich unter keinen Umständen stören lassen möchtest. Im Gegenteil, deine gesamte Konzentration liegt, wie zuvor mit dem Apfel, in deinem Inneren. Du nimmst Dinge, die rund um dich geschehen, am Rande wahr, misst ihnen jedoch keine Bedeutung zu. Du befindest dich in einer dualen Phase, in der du dich einerseits in den Bildern und Handlungen der früheren Leben befindest, aber andererseits auch weißt, dass du bei mir auf der Liege ruhst und auch bemerkst, wenn ich vielleicht mal huste, trinke oder mich bewege. Selbst das wird dich jedoch nicht stören, sondern dir lediglich die Sicherheit geben, dass jemand bei dir ist und du gut aufgehoben bist. Du wirst dich ganz und gar auf dein Thema konzentrieren.

Der Alphazustand ist demnach eine Phase in der sich deine Gehirnströme verlangsamen und nur in einem Tempo von 8-13 Hertz ausgesendet werden. Also ein Zustand zwischen Schlaf (unter 8 Hertz) und Wachbewusstsein (ab 14 Hertz). Du kennst diesen Zustand von den Aufwach- und Einschlafphasen und auch vom Tagträumen.

Klingt das nicht einfach?

Ist auch einfach, vertrau mir!

Was erwartet mich nach der Sitzung?

Ich erlebe also immer wieder, dass Hilfesuchende vollkommen verstört, unsicher und verschlossen zu mir kommen. Die Sitzung gleicht dann einer Wachstumsphase. War der Klient eben noch total am Boden zerstört, verlässt er meine Praxis nun erhobenen Hauptes, gestärkt, motiviert, selbstsicher und voller Tatendrang. Natürlich spielt auch hier der Verstand eine wichtige Rolle. In den folgenden Tagen wird viel nachgedacht, alles zerpflückt, zerkaut und hundertfach in Frage gestellt. Diese Phase legt sich jedoch bald wieder und danach kann sich das neu gewonnene Lebensgefühl endlich in Ruhe ausbreiten und endgültig manifestieren.

Mehr Frauen als Männer! Warum?

Interessant ist für mich immer wieder die Tatsache, dass sich mehr Frauen als Männer für Rückführungen interessieren und öffnen. Nach vielen Gesprächen kam ich zum Entschluss, dass Männer einfach nur von ihrer Angst blockiert und daher von solchen Sitzungen abgehalten werden.

Natürlich würde das ein Mann nie zugeben!

Daher flüchtet sich dieser in die Aussagen des absoluten Humbugs und Hokuspokus. Und überdies ist dieses Thema ja schließlich nur etwas für Frauen, ebenso wie Kartenlegen und überhaupt die gesamte Esoterik!

Liebe Artgenossen der männlichen Spezies, lasst euch an dieser Stelle ein für alle Mal sagen, dass Rückführungen nichts mit Zauberei zu tun haben! Mit eurer Angst oder wie immer man das nennt, nehmt ihr euch lediglich die Chance auf das wunderbare Erlebnis einer solchen Sitzung und der damit verbundenen positiven Wende in eurem Leben. Mit Frauenthema und Schnick-Schnack hat das alles absolut nichts zu tun. Traut euch doch einfach mal und ihr werdet schon bald eurem zweifelnden Nachbarn von einer tollen Rückführung und einem dadurch vollkommen veränderten Leben erzählen können. Auch auf die Gefahr hin, dass er euch - *auf Grund seiner Angst* - keinerlei Glauben schenken wird.

Was sollte ich bei den diversen Angeboten beachten?

- Keine Block-Sitzungen, in der Regel genügt eine einzige - pro Problemthema!
- Eine langwierige, hyperventilierende Atmung als Einleitung ist NICHT erforderlich.
- Die Rückführung sollte nicht wesentlich länger als zweieinhalb Stunden dauern.
- Eine umfangreiche, energetische Auflösungsarbeit muss unbedingt inkludiert sein.
- Der Rückführungsleiter sollte in jedem Fall auch mit der Clearingtherapie vertraut sein und eine solche durchführen (können).

Hast du beim Lesen dieses Kapitels Angst empfunden?

☐ **Ja** ☐ **Nein**

Das Unterbewusstsein

Storchenhof

Erst das Unterbewusstsein macht uns Dinge bewusst, die das Bewusstsein sonst hätte niemals gewusst.

Walter A. Posch

Das Unterbewusstsein (UB)

Usner Uternbweusstsien knan aebr acuh wrrie Säzte leesn, sloagne der esrte und ltezte Bchustbae an der rchitigen Sellte sthet.

Deis dsehlab, wiel Wröter vom Vresatnd ienegübt und dnan im UB abgespierchet wreden. Drot wrid ncah Etnsprcheungen gseucht. Wreden deies gefnuden, wrid das Wrot koirrgeirt an den Verstnad wieter gegbeen und draduch autmaotsich rchtiig gelseen.

Auflösung (Das Unterbewusstsein - UB):

Unser Unterbewusstsein kann aber auch wirre Sätze lesen, solange der erste und letzte Buchstabe an der richtigen Stelle steht.

Dies deshalb, weil Wörter vom Verstand eingeübt und dann im UB abgespeichert werden. Dort wird nach Entsprechungen gesucht. Werden diese gefunden, wird das Wort korrigiert an der Verstand weiter gegeben und dadurch automatisch richtig gelesen.

Du siehst, dass dein Unterbewusstsein auch in den verwirrendsten Momenten und Situationen immer den klaren Durchblick behält. Dein Unterbewusstsein hat immer die richtige Lösung parat, jedoch wird diese vom Verstand immer und immer wieder in Zweifel gezogen, bis man sich schließlich anderen und damit meist falschen Entscheidungen zuwendet.

Sicheres Geleit durch dein Unterbewusstsein

Bist du Autofahrer? Warst du schon mal in der Situation, dass du dich während der Fahrt auf der Autobahn, nach Kilometern monotonen Dahinfahrens, mit deinen Gedanken plötzlich ganz woanders befunden hast? Vielleicht bei irgendwelchen Aktivitäten, bei Dialogen mit anderen Menschen oder auch im letzten Urlaub. Du warst mit einem Wort „geistig abwesend" oder anders gesagt, in einem Tagtraum (nicht zu verwechseln mit Sekundenschlaf!). Frag dich mal, wer da dein Auto gelenkt hat. Dein Verstand? Nein! Der war ja anderweitig beschäftigt. Es war dein Unterbewusstsein! Ich habe allerdings noch niemals gehört, dass jemand in einem solchen „Zustand" einen Unfall verursacht hätte. Warum auch? Dein Unterbewusstsein ist schließlich der Teil in dir, der alles weiß, alles kann und alles versteht.

Lass dich also mehr von deinem Unterbewusstsein steuern und lenken, dann bist du zu jeder Zeit sicher unterwegs.

Das Unterbewusstsein und der Verstand

Gernot

geriet besonders leicht in Stress, wenn er etwas absolut perfekt machen wollte. Dabei wurde er stets extrem nervös und darüber hinaus schweißgebadet. So sehr, dass er ganze T-Shirts durchnässte.

Als Dorfschmied war er, früher mal, ein angesehener Bewohner. Der Statthalter brachte ihm einen wunderschön verzierten Griff für ein Schwert, welches er für ihn anfertigen sollte. Also stand der Schmied in seiner Werkstatt und fertigte das gewünschte Stück an. Dabei setzte er sich heftig unter Druck, schließlich war die Waffe nicht für irgendjemand, sondern für den Statthalter! In diesem Augenblick kam sein kleiner Sohn, umschlang eines seiner Beine und schmiegte sich an ihn. Noch ehe er reagieren konnte, glitt ihm das Schwert aus den Händen und knickte an einer empfindlichen Stelle. Er versuchte zu retten, was noch zu retten war, hielt es immer und immer wieder ins Feuer und verlangte sich selbst ab, dass es besonders schön und perfekt werden müsse! Ich bemerkte, dass sich auf Gernots Stirn bereits die ersten Schweißperlen bildeten, noch ehe er sich an die Stirn fasst und sagte: „Pfffffff…es ist irre heiß hier drinnen. Die Hitze des Feuers ist totaler Wahnsinn!" Bereits wenige Augenblicke später lief ihm der Schweiß in Strömen über das Gesicht. Nun hatten wir also den Auslöser für Gernots Hang, bei großen Belastungen extrem zu schwitzen.

Also immer dann, wenn Gernot im jetzigen Leben etwas „ganz perfekt" machen will/soll, sendet sein Unterbewusstsein das dazugehörige Signal „schwitzen" an den Verstand, da dass Unterbewusstsein den Ausdruck „ganz perfekt" mit der heißen Schmiede assozziiert. Das Ratio versteht den Zusammenhang nicht, führt aber widerspruchslos den vermeintlichen Befehl „schwitzen" aus.

Die Erklärung:

In unserem Unterbewusstsein sind Millionen von Daten gespeichert. Manche davon laufen vollkommen unbewusst ab. Wie zum Beispiel unser Blutkreislauf, unser Herz- und Pulsschlag, unsere Atmung und viele andere Dinge. Diese können von den meisten von uns wissentlich nur schwer gesteuert werden. Passiert es aber doch, so äußert sich dieser Eingriff meist in Disharmonie. Man hat dann vielleicht Probleme beim Atmen oder einen unruhigen Herzrhythmus.

Unser Unterbewusstsein gibt aber in den verschiedensten Situationen auch immer wieder bestimmte, situationsbedingte Impulse an unser Gehirn ab, die, falsch VERSTAND-en, sich zu kleineren oder größeren Problemen auswirken können.

Nehmen wir an, du bist ein begeisterter Motorbootfan. Wann immer du Zeit und Gelegenheit hast besteigst du ein Boot und fährst damit aufs weite Meer hinaus. Eines Tages, du bist mit Freunden unterwegs, wirst du von diesen in einer ausgelassenen Phase ins Wasser geworfen. Obwohl du ein guter Schwimmer bist, kletterst du vollkommen verstört wieder an Bord. Seit diesem Tag hast du, für dich völlig unverständlich, die Lust am Bootfahren verloren. Was war geschehen? Genau in der Situation des Hineinfallens hat dein Unterbewusstsein, für dich unbemerkt, ein Signal an dein Gehirn gesendet: GEFAHR!

Dein Unterbewusstsein sagt also: „Hallo ich hab da etwas gefunden. Da war mal etwas. Da bist du in einer ähnlichen Situation ertrunken!“, denn dein Unterbewusstsein hat noch gespeichert, wie du in einem früheren Leben bei starkem Sturm von Bord eines Schiffes gefallen bist und dabei dein Leben lassen musstest. Das ausgesendete Signal wurde zwar vom Gehirn nicht geprüft, aber trotzdem unzensiert an deinen Verstand weiter gegeben. Dein Verstand reagiert ab sofort mit Panik, sobald du ein Boot besteigst.

Die Auflösung erfolgt nur dann, wenn du dir die Ursache ansiehst. Hast du sie gefunden, kannst du sie nun auch auf der Verstandsebene integrieren. Du weißt also ab diesem Zeitpunkt, dass es nichts mit dem jetzigen Leben zu tun hat und kannst dich auch gedanklich wieder mit anderen, schöneren Dingen beschäftigen.

Du hast folglich nichts anderes erlebt als einen Flashback, zu dem dir die Bilder und Informationen gefehlt haben. Nach dem Wiedererleben und der entsprechenden Auflösung kannst du nun getrost wieder in deine geliebten Motorboote steigen und furcht- und bedenkenlos das Hin- und Herschaukeln auf den Wellen genießen.

Unterbewusstsein-Analyse über automatische Fingerzeichen

Toni führte die Suche nach seiner leiblichen Mutter, im Zuge einer Dokumentation eines deutschen Fernsehsenders, auch in meine Praxis. Meine Aufgabe bestand darin, etwas über seine Mutter und seinen Geburtsort herauszufinden. Nachdem ich Toni in Hypnose versetzt hatte, absolvierten wir einige Stationen in seinem jetzigen Leben, bevor ich ihn schließlich in die pränatale Phase und damit in den Mutterleib zurück führte. Mein Klient war so überwältigt von dieser Erfahrung, dass er seinen Tränen, auch vor der Kamera, freien Lauf ließ. Nachdem ich ihn die Geburt erleben ließ und er wusste, dass ihn seine Mutter nicht so einfach weggegeben haben konnte, da er auch von ihrer Seite starke Gefühle der Zuneigung erfahren hatte, befasste ich mich näher mit Tonis Unterbewusstsein. Zu diesem Zweck installierte ich bei Toni „automatische Fingerzeichen" (siehe Kapitel Clearing - Vorbereitung auf ein Clearing), um in direkten Kontakt mit seinem Unterbewusstsein treten zu können. Ich wollte dadurch die uneingeschränkte Bestätigung auf meine Fragen erhalten und die absolute Wahrheit erfahren. Vorabrecherchen des TV-Teams ergaben, dass Tonis Wurzeln im österreichischen Leoben, also in der Steiermark liegen sollten. Doch das Unterbewusstsein meines Klienten sagte zur Frage, ob er dort geboren sei: „NEIN“. Da ich jedoch im Vorgespräch Tonis starken Bezug zu den Tiroler Bergen bemerken konnte, konzentrierte ich meine Befragung schließlich auf diese Region. Und siehe da, bei der Stadt Innsbruck schlug das Unterbewusstsein plötzlich an und signalisierte mir ein deutliches, unmissverständliches „JA“, indem sich der entsprechende Finger hob. Nachdem sich die Suche des Fernsehteams anschließend auf diesen Ort konzentrierte, wurde man fündig. Toni war tatsächlich vor über 40 Jahren in Innsbruck geboren worden! Bereits wenige Tage später lag er sich tief ergriffen und in Freudentränen aufgelöst mit seiner leiblichen Mutter in den Armen und erfuhr, dass sie ihn niemals weggeben wollte, sich jedoch damals, schweren Herzens, dem Druck der Fürsorge beugen musste.

Die Analyse des Unterbewusstseins mittels ideomotorischer Fingerzeichen bietet eine wunderbare Möglichkeit Antworten auf Fragen zu erhalten, für die dein Verstand keine Erklärung hat. Überdies kann ich dir auf diese Weise, durch gezielte Animation, helfen deine Selbstheilungskräfte zu aktivieren und zu entfalten.

Das Unterbewusstsein als Motor

Das Unterbewusstsein ist also der Motor, der uns steuert und das Bewusstsein ist das Benzin. Hast du falsch getankt, läuft der Motor nicht oder nur unrund. Das Unterbewusstsein gibt folglich Kraftstoff ab, aber das Bewusstsein kann ihn nicht entsprechend verbrennen. Du läufst daher antriebslos oder auf Sparflamme durch die

Gegend. Du bist dann nur vom Verstand gesteuert, der die Signale deines Unterbewusstseins zwar verarbeitet und an deinen Körper und deine Organe weitergibt, aber selbst nicht versteht warum!

Genau das ist es, warum die Ratio selten Erklärungen für plötzlich auftretende Probleme findet.

Hast du beim Lesen dieses Kapitels Angst empfunden?

☐ **Ja** ☐ **Nein**

Fragen über Fragen

> Nichts ist nur gut oder schlecht;
> es sind unsere Gedanken, die es dazu machen.
>
> William Shakespeare

Rückführungen - Gebilde unserer Phantasie?

Manche Menschen meinen, dass es kein Leben nach dem Tode gibt und es sich bei Rückführungen um reine Phantastereien handelt. Selbst wenn dies richtig wäre lebt es sich mit dem Glauben an Wiedergeburt nicht viel ruhiger und einfacher? Ist es nicht gerade der Glaube, der Berge versetzt? Unser Leben ist dermaßen kurz und begrenzt, dass ich mich der Vorstellung gar nicht hingeben möchte, nur ein einziges Mal zu leben. Wäre doch auch absolut ungerecht. Findest du nicht auch? Dafür sind die gesellschaftlichen Unterschiede doch viel zu exorbitant. Der eine lebt als Bettler, der auf der Straße wohnt und sich Zeit seines Lebens von Abfällen ernährt, der andere als Millionärssohn, der sich mit Kaviar den Bauch vollstopft und in einer Villa mit eigenen Hausangestellten logiert. Haben hier beide die gleichen Voraussetzungen? Mit Sicherheit nicht! Aber beide haben die gleichen Aussichten. Himmel oder Hölle! Nun entscheide dich! Nimm dein Schicksal hin und mach das Beste daraus!

Also mal ehrlich, kann das der Gedanke eines gerechten Gottes sein?

In dem Fall waren doch die Voraussetzungen für dich weder finanziell noch gesellschaftlich gegeben, also wie hättest du an eben die Millionen herankommen können, die dem anderen bereits in die Wiege gelegt wurden?

Das Universum und die geistige Welt ist nicht ungerecht, daher wirst du in einem anderen Leben ebenfalls die (zweifelhaften) Vorzüge erleben dürfen, die Geld und

Macht besitzen. Ob du damit glücklicher sein wirst, lassen wir vorerst mal dahin gestellt.

Rückführungstourismus

Das Wort „Rückführungstourismus" wurde von mir im Zusammenhang mit Menschen geprägt, die Reinkarnationssitzungen als Kinobesuch betrachten, um nur mal zu sehen, wer oder was sie in einem früheren Leben waren und wie, bzw. wann sie schon mal gelebt haben.

Obgleich ich einige Zeit ein absoluter Gegner davon war, dass Rückführungen als „Show" präsentiert werden, hat mich die Praxis hier eines besseren belehrt. Im Laufe meiner Arbeit hat sich herauskristallisiert, dass es sehr wohl seine Richtigkeit hat, wenn sich jemand für Reinkarnation zu interessieren beginnt. Denn genau dann ist die Zeit für ihn reif, etwas zu erfahren. Das heißt, in diesem Fall steige ich mit dem Klienten damit in die Sitzung ein, dass wir einfach bei der Geistigen Welt nachfragen, was gerade wichtig ist und dem Neugierigen gezeigt werden soll. Auch hier ist die Treffsicherheit eine hundertprozentige! All diese Menschen bekommen demnach genau das präsentiert, das sie zur Zeit, wenn auch nur unbewusst, belastet.

Kann ich in einem früheren Leben „hängen" bleiben?

NEIN, mit Sicherheit nicht!

Natürlich sollte man sich nur einem Rückführungstherapeuten anvertrauen, der über ein fundiertes Wissen und eine solide Ausbildung verfügt! Jedoch ist ein hängen - oder steckenbleiben - genauso unwahrscheinlich, wie die Annahme, dass jemand bei einer Rückführung sterben könnte.

Interessant ist in jedem Fall, dass mir Menschen, mit denen ich auf das Thema Rückführung zu sprechen komme, immer wieder abwehrend zur Antwort geben, dass sie jemanden kennen, der bei einer Rückführung hängen geblieben ist und genau aus diesem Grund eine Sitzung schlichtweg ablehnen würden. Bei genauer Nachfrage erfährt man jedoch, dass diesen JEMAND tatsächlich niemand persönlich kennt, sondern man lediglich jemanden kennt, der jemanden kennt, der mal jemanden gekannt hat. Die Erzählungen also über viele Ecken aufgeschnappt wurden. Es läuft wie „Stille Post". Jemand flüstert einem anderen das Wort „Hund" ins Ohr, wenn es der Zehnte dann laut ausspricht, wurde es dermaßen verdreht und verfälscht, dass schlussendlich „Hyäne" oder sonst etwas dabei heraus kommt.

In welcher Tiefe befinde ich mich?

Eines ist jedenfalls gewiss, du bist weder im Koma, noch im Tiefschlaf oder einem tiefschlafähnlichen Zustand. Es handelt sich lediglich um eine leichte Bewusstseinsveränderung, in der dir Dinge, die bei vollem und klarem Verstand wichtig oder störend erscheinen, als eher nebensächlich empfunden werden.

Wie intensiv du eine Rückführung miterlebst liegt ganz alleine bei dir selbst. Am Zulassen, Loslassen und Gehenlassen. Es kommt einfach darauf an, wie tief du dich hineinfallen lässt und wie sehr du alles an dich heran lässt. Unbekümmerte Menschen, die einfach meinen, was geschehen soll geschieht, gehen meist tiefer in die Emotionen und Gefühle. Vorsichtige Menschen bleiben eher an der Oberfläche. Da es sich um eine nicht-hypnotische Rückführung handelt, ist die Tiefe auch nicht wichtig, da sie ohnehin beinahe im Wachzustand stattfindet. Also es gibt weder ein: „Ich glaub, ich war nicht tief genug drinnen!“, noch ein „Ich kann mich an nichts mehr erinnern!“

Die Tiefe ist absolut unwichtig und übt daher auch keinen Einfluss auf den zu erwartenden Erfolg aus.

Wird es bei mir funktionieren?

Schließ mal deine Augen und stelle dir - möglichst intensiv und plastisch - eine Orange vor. Hast du das geschafft? Gut, dann wird eine Rückführung auch bei dir „funktionieren“. Hast du nichts gesehen, dann versuch mal ein paar der Übungen im hinteren Teil des Buches. Du wirst sehen, dass es gar nicht so schwierig ist, wie es anmutet.

Ein positives Erleben hängt aber auch davon ab, wie sehr du dich selbst unter Druck setzt. Klienten die unbedingt etwas sehen wollen, werden es schwerer haben als jene, die unbedarft an die Sache heran gehen. Ich habe schon Leute erlebt, die, nachdem sie Zuseher und Zuhörer einer intensiv erlebten Sitzung waren, dermaßen in Erfolgsdruck und in weiterer Folge Selbstzweifel verfallen sind, dass sie nur wenig bis gar nichts gesehen haben. „Das gibt es ja nicht! Warum hat es bei ihm/ihr so gut geklappt und ich sehe fast gar nichts und das was kommt ist so undeutlich?“ An dieser Stelle nochmals der Hinweis, dass es durchaus ein unterschiedliches Sehen und Erleben gibt. Aber genauso wie mit der Tiefe hat auch die Intensität keinen unmittelbaren Einfluss auf den positiven Abschluss einer Sitzung. Psychotherapien werden schließlich auch im absoluten Wachzustand, meistens sogar mit geöffneten Augen, durchgeführt.

Wird eine Sitzung erfolgreich sein?

Natürlich hängt der Erfolg einer Sitzung alleine von deiner Einstellung und deinem Willen ab. Wenn du auf umständlichem Wege von einem Bekannten oder Verwandten dazu überredet werden musstest, dich einer Rückführung zu unterziehen - vergiss es!

Der Erfolg hängt in erster Linie davon ab, ob du selbst überhaupt willens bist etwas zu verändern oder eine Veränderung auch nur im Geringsten für möglich hältst. Bist du ein Mensch, der sich selbst bedauert oder sich in der Rolle des Selbstmitleids gefällt, hast du keine Chance. Bei der Reinkarnationstherapie handelt es sich schließlich um keine Zauberei und auch nicht um Gehirnwäsche! Bist du jedoch auf Grund von Erzählungen oder Reportagen neugierig geworden und siehst auch nur den Funken einer Chance, um dein Problem einer Lösung zuzuführen - mach sie unbedingt!

Hast du beim Lesen dieses Kapitels Angst empfunden?

☐ **Ja** ☐ **Nein**

Vorgespräch – Erklärungen – Übungen

> Das was wir Tod nennen,
> ist in Wahrheit der Anfang des Lebens
> Thomas Carlyle

Ablauf einer Reinkarnationstherapiesitzung

- Vorgespräch
- Erklärung des Sitzungsablaufs
- Visualisierungsübung
- Fingerschlussmethode
- Rückführung
- Clearing - Befreiung von Fremdenergien (optional)
- Jenseitskontakt (optional)
- Auflösung von karmischen Mustern und karmischen Verbindungen
- Auflösen von Flüchen, Gelübden, Gelöbnissen, Eiden und Schwüren
- Auflösen von Glaubenssätzen
- Chakrenreinigung und Chakrenausgleich
- Aurareinigung und Stabilisierung
- Nachgespräch

Im weiteren Verlauf möchte ich dir den genauen Ablauf einer Rückführungstherapiesitzung im Detail erklären. Vom Vorgespräch über diverse Übungen, die Sitzung, die Auflösungsarbeit und das Nachgespräch werde ich dich, auch an Hand von vielen praktischen Beispielen und Erzählungen wahrer Geschichten, ganz genau über den Ablauf informieren.

Kurze Erklärung

Bei deiner Rückführung wirst du mit geschlossenen Augen, auf meiner Liege ruhend, in einen Zustand der absoluten Ruhe gleiten. Du kannst jedoch alles um dich herum wahrnehmen und bist keinesfalls willenlos. Du befindest dich in zwei verschiedenen Welten und Zeiten - und das gleichzeitig. Die Dualität deines Denkens zeigt sich einerseits im Erleben von Empfindungen, Bildern und Emotionen des Unterbewusstseins und andererseits im Bewusstsein des Hier und Jetzt.

Dein Unterbewusstsein wird uns während der Sitzung eine Menge an Fakten, wie Jahreszahlen, Namen, Orte oder Personen, aber auch Emotionen, wie Trauer und Freude liefern. Am Ende der Sitzung wirst du von mir wieder ins Hier und Jetzt begleitet und kannst dich an alles, was geschehen ist, erinnern.

Vorbereitung auf eine Reinkarnationssitzung

Johann befand sich bereits auf dem Weg in ein früheres Leben, als ich ihn fragte, wie denn nun eine Stadt, ein Dorf oder irgendeine Behausung aussehen würde, wenn er sie sehen könnte. Daraufhin sagte er: „Wie kann ich etwas sehen, das ich nicht kenne?“ Ich entgegnete: „Wenn du in Urlaub fährst, kennst du auch dort die Gegend nicht, aber du kannst sie sehen!“ Daraufhin öffnete sich das innere Auge von Johann und er sah wunderbare Bilder.

Auch du fragst dich sicher, wie du dich am Besten auf eine Sitzung vorbereiten und einstimmen kannst. An dieser Stelle wäre zu sagen, dass es im Grunde keiner speziellen Vorbereitung bedarf. Weder nichts essen, noch viel oder wenig trinken ist hier besonders vorteilhaft.

Ein Tipp, den ich jedoch gerne gebe ist, dass du die Abende zuvor damit verbringen könntest, deinen Tagesablauf Revue passieren zu lassen.

Ich habe gefrühstückt, mich geduscht, fuhr zur Arbeit. Habe mit meinen Arbeitskollegen und Kunden über dies und das gesprochen. Habe mittags und abends folgende Mahlzeiten eingenommen. Abends ferngesehen und kann mich auch an den Film noch im Detail erinnern.

Eine weitere Möglichkeit wäre, dass du dich in Gedanken an einen Ort begibst, den du kennst und dich dort umsiehst. Im Anschluss beschreitest du eine dir völlig unbekannte Gasse oder Straße und hältst Ausschau, was dich dort erwartet. Setz dich dabei nicht unter Druck, sondern lass es einfach fließen und sieh nach was kommt und dir gezeigt wird.

Achte darauf, dass du alles möglichst plastisch und dreidimensional erlebst und mit all deinen Sinnen (Sehen, Hören, Fühlen, Riechen, Schmecken) erfährst.

Die linke und rechte Gehirnhälfte (Hemisphäre)

Wichtig bei einer Rückführung ist auch das optimale Zusammenspiel der linken und rechten Gehirnhälfte.

Die rechte Hemisphäre - die weibliche oder auch Yin genannte - ist diejenige, die für unsere inneren Bilder zuständig ist. Sie kontrolliert und steuert die Bewegungen, die unsere linke Körperhälfte betreffen.

Die linke Gehirnhälfte - die männliche oder auch Yang genannte - ist für das lineare und logische Denken verantwortlich. Sie kontrolliert nicht nur Handlungen wie Schreiben, Rechnen, Zählen und unsere Sprache, sondern auch die rechte Körperseite.

Nun ist es beim Erleben von inneren Bildern wichtig, dass der logische Verstand (linke Gehirnhälfte) eine entsprechend leichte Aufgabe erhält, um sie so verarbeiten zu können. Beziehungsweise, den Verstand vorweg einmal zu beschäftigen, um dem Unterbewusstsein Freiraum zu geben.

Schon in der Grundschule wurde uns das Rechnen damit erleichtert, dass man anstelle von Zahlen Symbole einsetzte.

1 + 1 = 2

vereinfacht:

1 (Apfel) + **1** (Apfel) = **2** (Äpfel)

So ist auch ein optimaler Lern- und Merkprozess gegeben.

Unser Verstand braucht daher einfache Lösungen und klare Abgrenzung um „verstehen“ zu können. Mit Aussagen wie „die Unendlichkeit des Weltalls“ kann unser Bewusstsein demzufolge einfach nichts anfangen.

Wie ließe sich der Radius oder Umfang eines Kreises berechnen, wenn man gar nicht wüsste, wie ein Kreis überhaupt aussieht? Erst das Bild dazu, macht die Vorstellung und damit die Umsetzung komplett.

Tatsache ist, dass unser Gehirn ein Hochleistungsapparat, gleich einem Computer, mit schier unendlichen Speicherkapazitäten ist. Doch selbst von hochintelligenten Menschen wird nicht mal ein Viertel dieses Volumens ausgeschöpft.

Übung 1

Lies bitte die folgenden Wörter *einmal*, im Schnelllauf, durch und achte darauf, wie viele davon doppelt vorkommen:

Blume, Wiese, Kaffee, Fahrrad, Ball, Haus, Baum, Zaun Kuchen, Tisch, Bett, Blume, Kissen, Nase, Hase, Vase Brot, Eimer, Hase, Brunnen, Berg, Kanne, Tasse, Kaffee, Buch, Hut, Fahne, Bett, Pferd, Koffer, Lampe, Computer, Auto, Brunnen, Schiff, Tür, Mond, Brot, Kerze, Teller

Na, wie viele waren es?

Ist doch nicht so einfach, stimmt´s !?!

Ich gebe dir einen Tipp:

Lies die Wörter nun nochmals und versuch mal, dir für jeden Begriff ein Bild in deine Gedanken zu holen!

Also für die Blume nimmst du nun vielleicht eine Rose. Beim Begriff Wiese, stellst du dir einfach eine schöne, saftiggrüne Wiese vor. Eine Tasse mit duftendem Kaffe. Und so machst du es nun mit allen anderen Begriffen ebenso

Nun?

Geht ja gleich viel leichter! Findest du nicht auch?

(Auflösung: es sind 6 Wörter doppelt: Blume, Kaffee, Bett, Hase, Brot, Brunnen)

Man sieht, dass es relativ leicht ist linke und rechte Gehirnhälfte zu verbinden. Dazu brauchst du lediglich für bestimmte Dinge Bilder in deinen Verstand zu holen.

Sage ich zu dir: „Schließ´ mal deine Augen und sink jetzt einfach tiefer!“

Hm, damit kannst du vermutlich nicht sehr viel anfangen. „Wie? Was? Einfach tiefer sinken?“

Sage ich aber zu dir: „Schließ´ nun deine Augen und sink´ jetzt einfach tiefer, wie eine Feder, die von einem Vogel im Flug verloren wird, dabei hin und her schwebt und immer tiefer sinkt!“

So, nun hast du ein entsprechendes Bild dazu. Schon bald wirst du intensiv erleben, wie es sich anfühlt tiefer zu sinken. Vielleicht wirst du ja selbst zu dieser Feder und lässt dich so immer mehr und mehr fallen.

Übung 2

Eine weitere, erleichternde Übung, um dir Dinge zu merken und vorzustellen, möchte ich dir nicht vorenthalten:

Wie lange denkst du, benötigt ein durchschnittlich intelligenter Mensch, um zehn Begriffe auswendig zu lernen?

Gut, ein paar Minuten.

Wie lange benötigt er, wenn diese Begriffe nun von 1-10 durchnummeriert werden und danach wahllos abgefragt werden? Wenn dir z. B. jemand die 2 nennt, musst du wissen, dass dieser der Begriff „Blume“ zugeordnet wurde. Wenn jemand Blume sagt, musst du wissen, dass dieser Begriff an zweiter Stelle stand, also die Ziffer 2 hatte.

Okay, 10 - 15 Minuten!

Ich werde dir beweisen, dass du es auch in einer Minute schaffen kannst.

Lass uns also beginnen!

Wir setzen nun für die Zahlen von 1 - 10 Symbolbilder ein.

Wichtig dabei ist, dass es sich hier um Symbole handelt, die an Hand ihrer Charakteristik leicht mit der entsprechenden Zahl vergleichbar sind.

1 eine Kerze 

2 ein Schwan 

3 ein Dreirad (ein Kinderfahrrad) 

4 ein Stuhl 

5 die fünf Finger einer Hand 

6 die Augenzahl sechs eines Würfels 

7 eine Fahne 

8 eine Brezel 

9 die neun Kegel einer Kegelbahn 

10 ein Zehn-Euro-Schein 

Diese Übung ist natürlich beliebig erweiterbar.

Konzentrieren wir uns aber nun einmal auf diese 10 Bilder. Präge dir ganz genau das entsprechende Bild zu jeder Zahl ein. Sieh dir zum Beispiel, mit deinem inneren Auge, nun einen Schwan an und vergleiche die Form mit der Form der Zahl 2. Tu dies mit allen Zahlen von 1 - 10. Hast du alles? Okay! Nun hast du also deine Grundsymbolbilder. Diese Grundsymbolbilder behältst du einfach vor deinem inneren Auge, denn diese kannst du immer dann verwenden, wenn du dir zehn andere Begriffe (in Bildern) merken möchtest.

Nun weiter.

Jetzt kommt die eigentliche Übung:

Es möchte jemand, dass du dir, so schnell du nur kannst, zehn Begriffe einprägst.

Tja, nichts leichter als das, du musst ja jetzt lediglich die Begriffe, die er dir nennt, mit deinen Symbolbildern (die wir zuvor besprochen haben) zu einem Gesamtbild oder einer Geschichte verbinden.

Nenne ich dir zum Beispiel als ersten Begriff

Vorhang (Gardine), 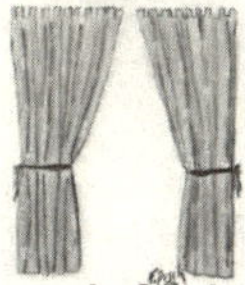

dann nimmst du nun einfach dein Grundsymbol, also die

Kerze 

und steckst damit (allerdings nur sinnbildlich!) die Gardine in Brand.

So merkst du dir automatisch den ersten Begriff, nämlich „Gardine“ und weißt auch, dass ihm die Eins zugeordnet ist.

In diesem Sinne verfährst du jetzt mit allen weiteren Begriffen.

Ein Blick auf die Uhr wird dir verraten, wie lange du dazu brauchst.

1	Vorhang (Gardine)	6	Mann
2	Blume	7	Glas
3	Kind	8	Schuh
4	Tischtuch	9	Auto
5	Ring	10	Fußball

Und nun, wie lange hast du benötigt?

Wie hast du die Bilder mit deinen Grundsymbolen verbunden?

Hier noch ein Lösungsvorschlag:

Grundsymbol	Begriff	Verbindungsvorschlag
Kerze	Vorhang	Kerze entzündet Gardine
Schwan	Blume	Schwan hat Blume im Schnabel
Dreirad	Kind	Kind fährt mit Dreirad
Stuhl	Tischtuch	Tischtuch liegt auf Stuhl
5 Finger/Hand	Ring	Finger trägt einen Ring
Würfel (6)	Mann	Mann würfelt eine Sechs
Fahne	Glas	Fahne steckt in Cocktailglas
Brezel	Schuh	Schuh zertritt Brezel
(9) Kegel	Auto	Kegel werden von Auto umgefahren
10 Euroschein	Fußball	10 Euro-Schein klebt auf Fußball

Du siehst also wie einfach es tatsächlich ist, die beiden Gehirnhälften zu verbinden und so optimale Ergebnisse zu erzielen. Nach einiger Übung wirst du auf diesem Gebiet erstaunlich erfolgreich sein!

Das Vorgespräch

Auf meine Fragen bezüglich ihrer Partnerschaft, ihrem Verhältnis zu ihren Kindern und den Eltern, erklärte mir Andrea, dass alles supertoll verlaufe und eitel Wonne sei. Da sie kein Problem zu haben schien, entschieden wir uns beim Einstieg in die Rückführung, die geistige Welt zu bitten, ihr zu zeigen, was derzeit für sie von Bedeutung ist. Nachdem sie bereits drei frühere Leben angesehen hatte, in denen immer wieder das Thema „Freiheit“ kam, war mir klar, dass ihr derzeitiges Leben gar nicht so sonnig, wie vorgegeben, war. Im Gegenteil, sie fühlte sich durch ihre Familie eingeengt und schlichtweg überfordert!

Tatsächlich gab sie beim Nachgespräch zu, dass sie sich, obwohl sie ihre Familie liebte, ständig übervorteilt fühlte. Nun fiel ihr auch auf, dass sie am Wochenende vor der Sitzung alleine war. Die Töchter schliefen auswärts und ihr Mann war zum Skifahren. Sie setzte sich in ihren Wagen, fuhr in Richtung einer Freundin und rief innerlich: „Ich bin frei!!!“

Im Vorgespräch werde ich dir - wenn du gestattest - die sprichwörtlichen „Löcher in den Bauch fragen“, da ich hier möglichst viel über dich, deine Lebensweise, deine Gewohnheiten und deine verwandtschaftlichen Verhältnisse erfahren möchte.

Dazu gehören aber auch alle familiären, freundschaftlichen und kollegialen Beziehungen mit Eltern, Geschwistern, Partnern, Kindern, Verwandten, Bekannten, Freunden und auch Arbeitskollegen. Wichtig ist mir auch, ob du schon mal Therapiesitzungen, gleich welcher Art, zum vorliegenden Thema besucht hast.

Je offener du daher bei diesem Gespräch bist, je weniger du hinterm Berg hältst, desto eher kann ich den richtigen Weg mit dir beschreiten um dir Hilfe bei der Bewältigung und Beseitigung deiner Probleme zu geben.

Es gibt also nie ein zu viel an Information für mich, sondern nur ein zu wenig!

Das Problemthema

Im Zuge des Vorgesprächs erklärte mir Karin, dass sie vollkommen energielos und chaotisch sei. Überdies war sie ständig krank, hatte weder Arbeit noch Geld.

Auf meine Frage, was denn nun das Hauptproblem wäre, das sie beschäftige, meinte sie: „Das Geld!“ Meine Einwände, dass sie als gesunder Mensch arbeiten und Geld verdienen könne, also in meinen Augen wohl eher die Gesundheit im Vordergrund stünde, ließ sie nicht gelten. Ihr Thema war und blieb das Geld.

Nachdem wir damit in die Sitzung eingestiegen waren, befand sie sich in einem Leben, in dem sie vollkommen energielos war. Sie ließ sich immer mehr gehen und kam dadurch immer weiter nach unten, bis sie schließlich als Bettlerin auf der Straße landete. Da sie dann auch noch zu trinken begann, kostete ihr diese Antriebslosigkeit schließlich auch das Leben. Der Seelenbegleiter von Karin wurde darüber befragt, warum ihr dieses Leben gezeigt wurde. Er meinte, dass es ihre Aufgabe wäre, ihren Energiehaushalt in Ordnung zu bringen.

„Aber was hat das mit dem Thema Geld zu tun?“, fragten wir weiter. Daraufhin gab er uns zur Antwort: „Was ist Geld?

Geld ist Energie! Also bring deinen Energiehaushalt in Ordnung, dann wird dein Leben wieder im Fluss sein!“

Es gibt nur selten Klienten, die nur ein Problemthema haben, daher werde ich dir gegebenenfalls dabei behilflich sein, das Hauptproblemthema zu erarbeiten.

Falsches Problemthema?

Oft kommen Klienten mit - wie ich es gerne nenne - ganzen Problemkatalogen. Wenn dem so ist, werden wir gemeinsam versuchen, das Hauptthema herauszufiltern.

Am eben angeführten Beispiel siehst du aber, dass man bei falsch gewählten Themen von der Geistigen Welt zum richtigen Problem geführt wird, um dieses aufzulösen. Es kommt daher so gut wie nie zu einer „Themenverfehlung"!

Wie sich der Kreis schließt

Ein früheres Leben verbrachte Silvia in einem schwarzafrikanischen Dorf. Sie war jung und wunderschön. Eines Tages wurde sie während eines Spaziergangs von drei betrunkenen Weißen angesprochen. Nachdem sie einige Zeit angepöbelt wurde, wurde sie von ihnen geschlagen und vergewaltigt. Aus dieser Vergewaltigung entstand eine kleine Tochter. Doch Silvia wurde, ob der Schande, verstoßen und aus dem Dorf gejagt. Ihr Leben verlief weiters eher trostlos. Das einzige das sie hatte, war ihr Kind. Nachdem wir einige weitere Stationen dieses Lebens gesehen hatten, schaltete sich Silvias Verstand ein, denn sie konnte nicht verstehen, warum sie, je weiter wir im Leben vorangingen, immer älter wurde, nur ihre Tochter stets klein blieb. Silvias Seelenbegleiter klärte sie schließlich darüber auf, dass sie diese Bilder nur symbolisch erhalten habe, da sie, ob ihres Schicksals, ihre damalige Tochter stets „klein" gehalten und ihr Schuldgefühle gemacht habe, damit sie von ihr nicht verlassen werde.

Beim Nachgespräch erzählte mir Silvia schließlich vom „Kleinwuchs“ ihrer jetzigen (und auch damaligen) Tochter und verstand nun die Zusammenhänge.

Esoterische Begriffe

Werden im Zuge der Sitzung Begriffe verwendet, von denen ich nicht voraussetzen kann, dass diese dir geläufig sind, bedarf es einer genauen Erörterung, um zu verhindern, dass sich Verstand und Aufmerksamkeit zu sehr an diese Worte haften und es möglicherweise dadurch zu einer Störung der Sitzung kommt.

In unserem Fall arbeiten wir mit den Begriffen Geistige Welt, Seelenbegleiter, Seelenheiler, Akasha-Chronik, Seelenfamilie und Seelenleben.

Ich versuche diese Begriffe stets so einfach wie möglich zu erklären, damit du dir in dieser kurzen Zeit ein leicht verständliches, aber doch umfangreiches Bild machen kannst.

Die Geistige Welt

Schicke ich Klienten während einer Rückführung ins Licht oder in das Seelenleben, also in das Leben nach dem Tode, dann antworten mir viele auf „wie sie sich nun fühlen würden“ unisono: „Ich bin zu hause!“ Die Geistige Welt ist also unsere eigentliche Heimat. Auf der Erde sind wir nur zeitweise zu Gast und bedienen uns dann eines menschlichen Körpers. Während des Erdenlebens werden wir jedoch von der Geistigen Welt begleitet und unterstützt. Dazu dürfen wir uns jederzeit energetisch verbinden und unsere Seelenbegleiter, Seelenheiler, Engel und Lichtwesen um Hilfe bitten.

Dein Seelenbegleiter

Der Seelenbegleiter ist dein „Schutzengel“ (Geistführer, Seelenführer, Innerer Helfer etc.). Vermutlich hat auch in deiner Kindheit oder Jugend mal jemand zu dir gesagt: „Jetzt hast du aber einen Schutzengel gehabt!“

Dein Seelenbegleiter wurde dir - von der Geistigen Welt - für deine Inkarnation zur Seite gestellt, um dich auf deinem Weg zu begleiten. Er möchte dir dabei helfen, deine Lebensaufgabe positiv zu lösen und dein Lebensziel zu erreichen. Daher wirst du, so die Zeit nicht reif ist, auch den schwersten Verkehrsunfall (relativ) unbeschadet überstehen. Dein Seelenbegleiter genehmigt dir ab und an auch mal einen Side Stepp links oder rechts, aber er lenkt und beschützt dich in wichtigen Situationen. Auch wenn dies von dir meist unbemerkt geschieht.

Da sich Seelenbegleiter im Laufe deines Lebens meist abwechseln, hast du als Kind, als Jugendlicher und als Erwachsener immer wieder andere. Auch können dich, wenn du gerade große Aufgaben zu bewältigen hast, mehrere gleichzeitig beschützen und unterstützen.

Du wirst deinen Begleiter, im Zuge der Rückführung, auf einer Wiese, die du vor deinem inneren Auge sehen kannst, treffen und er wird sich dir dann als Frau, Mann oder vielleicht auch als Engel zeigen (manchmal auch als Baum, Tier oder Lichtenergie). Du kannst dich mit ihm austauschen und auf diesem Wege Antworten auf deine Fragen erhalten.

Da es sich beim Seelenbegleiter also um ein Lichtwesen aus der Geistigen Welt handelt, werden von mir Meinungen, dass es sich hierbei lediglich um unser eigenes Unterbewusstsein handelt, nicht geteilt.

Dein Seelenheiler

Der Seelenheiler ist der Helfer und Heiler (innere Arzt, innere Heiler etc.) der Geistigen Welt, der dich von irdischen Problemen - die du nicht mehr als Lernerfahrung benötigst - befreien darf und die entsprechende Energiearbeit mit dir durchführt. Er hilft dir also, soweit es von der Geistigen Welt erlaubt ist, bei der Auflösung deiner Probleme.

Deine Seelenfamilie

Die Seelenfamilie ist die Familie der Seelen, die in den verschiedensten Konstellationen immer wieder gemeinsam inkarniert.

Meine Erfahrung zeigt hier, dass sich Seelenfamilien aus ca. 25 Seelen zusammensetzen, die mit vertauschten Rollen immer wieder andere Lebenssituationen zu meistern versuchen. Natürlich läuft das nicht immer reibungslos ab. Wir sind ja schließlich zum Lernen hier.

Inkarnationen sind aber auch geschlechtsunabhängig. Beispiel:

Du bist im jetzigen Leben ein Mann und hast einen Sohn. Im nächsten Leben könnt ihr aber durchaus Geschwister und beide weiblich sein und im Leben davor wart ihr vielleicht Lebenspartner.

Man sieht, alles ist möglich.

Dein Seelenleben

Als solches bezeichnet man das Leben zwischen den einzelnen Inkarnationen, also das Leben im Jenseits. Da, wo du dir dein eben gelebtes Leben ansiehst. Wo gemeinsam mit der Geistigen Welt abgewogen wird, was du besser, richtiger oder anders hättest machen können. Welche Aufgaben du im nächsten Leben nochmals gestellt bekommst. Wo du dich regenerieren und schließlich für die Wiedergeburt vorbereiten kannst.

Da du nur mit ca. 60 % Seelenenergie inkarnierst, befindet sich ein Teil deiner Seele immer im Licht, also im Seelenleben.

Die Akasha-Chronik

Die Akasha-Chronik vergleiche ich (vereinfacht) gerne mit einer riesigen Bibliothek, in der sich alle Bücher deiner Leben befinden. In jedem einzelnen Buch befinden sich Aufzeichnungen über deine bereits gelebten Leben, sowie über die, die du noch zu leben hast.

In manchen Fällen habe ich erlebt, dass mir Klienten seitenweise aus diesen Büchern vorgelesen haben und das in einem Deutsch, das nicht unserem Sprachgebrauch entspricht.

Hier ein paar Auszüge daraus:

„Liebe ist der Weg zum Menschsein!"

„Das Wesentliche ist nicht sagbar, aber dennoch begreifbar, deshalb sollst du begreifen!"

„Alles ist nichts, nichts ist alles. Du bist alles, du bist nichts!"

Die Intuition des Klienten

Im gemeinsamen Spanienurlaub mit meinem Sohn Dominic haben wir auf einem Markt knifflige Geduldsspiele erstanden. So saßen wir gemeinsam am Strand in der wärmenden Sonne und befassten uns mit den Metallstücken, die aus zwei Teilen bestanden. Die Aufgabe war, die verbundenen Teile, durch bestimmte Drehungen, voneinander zu lösen. Ich beobachtete meinen Sohn gerade als sich vor ihm zwei Kinder mit Sand bewarfen. Dominic war skeptisch, ob nicht auch er getroffen werden würde. Also war er mit seinen Augen und Gedanken intensiv bei den spielenden Kindern. Automatisch und intuitiv, also ohne seinen Fokus nun auf die Lösung der Metallteile zu lenken, werkelte er aber weiter. Plötzlich rief er: „Papa, ich hab´s! Ich hab die Teile gelöst!!!"

Hier sieht man wunderschön, wie leicht Probleme zu lösen wären, wenn man den Dingen ihren Lauf ließe und mehr aus dem Bauchgefühl und intuitiv entscheiden und nicht alle Lösungen nur aus dem Verstand erwirken wollen würde!

(Da ich auf dieses Thema im Vorfeld bereits eingegangen bin ist auch hier ganz klar ersichtlich, dass er die Lösung nicht mit der linken, also der logischen Gehirnhälfte erwirkte, sondern mit der rechten, der intuitiven!)

Daher möchte ich dich bitten, mir während unserer Sitzung alle Fragen intuitiv und schnell zu beantworten.

Je länger du über eine von mir gestellte Frage nachdenkst, desto wahrscheinlicher wird sie aus dem Verstand beantwortet werden. Je spontaner du bist, desto weniger läufst du Gefahr die Ergebnisse zu verfälschen.

Intuition kommt immer aus dem Bauchgefühl und fühlt sich dann richtig an, wenn man gar nicht so schnell denken kann, als die Antworten kommen.

Die Verstandsblockaden

Du grübelst über einem Problem. Plötzlich hast du DIE Idee zur Lösung. Du bist Feuer und Flamme. Ein „JAAAA, ich hab´s!", geht mit einem Ruck durch deinen Körper.

Du lehnst dich gemütlich zurück. Doch dann beginnst du alles nochmals zu zerpflücken. Je mehr du es innerlich zerredest, umso unsicherer wirst du. Es zeigen sich dir nun immer und immer wieder andere Möglichkeiten auf. Schließlich entscheidest du dich gegen deine erste „Eingebung“, machst alles anders und…? Fällst kräftig auf die Nase!

Was war passiert?

Du hattest den ersten, den intuitiven Gedanken. Hast ihn zwar zuerst als den ultimativen empfunden und akzeptiert, aber in weiterer Folge alles so lange gedreht und gewendet, bis du ihn achtlos zur Seite geschoben und dich umentschieden hast. Dein Verstand hat dich wieder mal reingelegt!

Hast du es endlich verstanden? Hast du kapiert, dass uns Menschen der Verstand nur gegeben wurde, um Sprechen, Schreiben, Lesen und Rechnen zu können UND um es bei unserer Expedition Leben nicht all zu leicht zu haben?

Hätten wir nämlich eine blockadefreie Verbindung zu unserem Unterbewusstsein wüssten wir ganz genau, was, wann und vor allem wie zu tun ist.

Also, lass dich nicht blockieren, hör auf dein Bauchgefühl und besinne dich deiner Intuition.

Man muss ja nicht gleich die großen Entscheidungen aus dem Bauch heraus treffen. Beginn doch einfach mal mit ein paar kleineren Übungen!

- Frag dich schon vor dem Abheben, wer dich anruft.
- Wer ist an der Tür, wenn es läutet?
- Du hast eine E-Mail erhalten. Von wem? Warum?
- Du hast die Wahl zwischen zwei Aufzügen. Welcher

kommt zuerst?

- Du hast mehrere Kassen zur Bezahlung deines Einkaufs zur Auswahl. Bei welcher geht es am schnellsten?

Das Gesetz der Resonanz

Stelle ich mein Radio auf einen Sender, der Operettenmusik ausstrahlt, darf ich nicht erwarten, dass ich mich dem Rausch eines Hip-Hop-Programms hingeben darf. Re-sonare (aus dem Lateinischen für: wider - oder zurück-klingen) bedeutet - auf mein spirituelles Sein umgelegt - dass ich in meinem ganzen Denken und Handeln nur das zurückerwarten kann, was ich ausstrahle. Sende ich Liebe und Harmonie, werde ich diese Dinge genauso erwarten dürfen, als wenn ich Hass, Neid und Aggression verbreite.

Spiele ich auf einer Gitarre einen traurigen Moll-Akkord, wird ihn mir der Resonanzkörper meines Instruments genau so wiedergeben.

Auch wenn ich ihn noch so lange immer wieder spiele, bleibt Moll Moll und ändert sich erst dann in positive, freudige, harmonische Klänge, wenn ich umgreife und einen Dur-Akkord zum Erklingen bringe.

Schon Albert Einstein meinte:
„Man tut immer und immer wieder das Gleiche, erwartet aber ein anderes Ergebnis!"

Ergo dessen kann es nur so sein, dass Gleiches nach Gleichem verlangt und daher Gleiches auch Gleiches wiedergibt und widerspiegelt.

Trete ich meinem Lebenspartner stets missgelaunt und nörgelnd gegenüber, wird es nicht lange auf sich warten lassen, bis ich auch aus ihm einen missmutigen Menschen geformt habe. Oder aber, er trennt sich von mir, geht mit jemandem anderen in Resonanz und wird sich mit diesem an den schönen Dingen des Lebens erfreuen.

Also besagt das Gesetz der Resonanz nichts anderes, als dass das Streben, das Denken und das Fühlen jedes einzelnen Menschen reale Gegebenheiten anzieht und diese erzeugt.

Bin ich ein Mensch, der stets im Negativen lebt, wird es immer schlechter werden. Bin ich aber eine Person, die dem Leben positiv und freudig gegenübersteht, wird es stetig besser werden und ich werde mich immer weiter entwickeln.

Umberto Eco drückte es so aus: „Glaube ich an Satan, bin ich mit dieser Energie in Kontakt, sie hat für mich Bedeutung und ich werde Bestätigung für mein Glaubenssystem bekommen. Gebe ich ihr aber keine Bedeutung, sondern lache darüber, hat sie auch keine Wirkung auf mich. Dieses Energiefeld kann sich nicht aus freiem Willen auf mich zu bewegen. Es gehorcht nur dem Gesetz der Resonanz. Jedem geschieht nach seinem Glauben."

Möglich wäre aber auch, dass dir jemand lediglich etwas spiegelt, das im Verborgenen deines Innersten schlummert, um dir die Unzufriedenheit mit dir selbst zu zeigen.

Das positive Denken - Die Anziehungskraft

Im Zusammenspiel mit dem Gesetz der Resonanz ist „Positives Denken“ wohl eines der geflügeltsten Worte im esoterischen Sprachgebrauch. Trotzdem, oder gerade deshalb, ist es dessen wichtigste Voraussetzung. Nur wer positiv denkt, wird auch positives anziehen. Negativdenker hingegen werden sich in immer größeren negativen Netzen verfangen, immer mehr Negatives anziehen und sich dadurch noch mehr verstricken und verhängen.

Es gibt, unumstritten, Situationen im Leben, in denen man alles und jeden anzweifelt. Man sieht sozusagen vor lauter Bäumen den Wald nicht mehr. Selbst Türen die offen stehen, werden achtlos zugeknallt oder man geht achtlos an ihnen vorbei, ohne nachzusehen was sich in den dahinter befindlichen Räumen verbirgt.

„Es ist doch ohnehin alles sooooo sinnlos!“

Dazu eine Geschichte, die sich angeblich in Amerika abgespielt haben soll:

Ein Mann - nennen wir ihn Frank - wurde im Zuge eines Streits von einem anderen verflucht und ihm ein Datum genannt, an dem er sterben werde. Je näher der Tag gerückt war, umso schlechter fühlte sich Frank. Selbst Ärzte waren ratlos, ob des sich stetig verschlimmernden Zustands und befürchteten, dass er tatsächlich bald das Zeitliche segnen würde. Schließlich kam einer der Ärzte auf die Idee, Frank in künstlichen Tiefschlaf zu versetzen. Diese Phase wurde über das genannte Todesdatum ausgedehnt und Frank zwei Tage danach wieder aus dem Schlaf geholt. Nachdem er sich wieder etwas gefangen hatte und sich artikulieren konnte, erkundigte er sich, welches Datum wäre. Als ihm die Ärzte sagten, dass er das angegebene Datum bereits hinter sich gebracht hätte, ging es ihm von Tag zu Tag wieder besser, bis er bald wieder ganz genesen war.

Man sieht also wie wichtig es ist, im Positiven zu bleiben!

Bist du jemand, der Pilze sucht oder findet?

Siehst du dein Glas halbvoll oder halbleer?

Stell dir nun noch einen Hund vor, der knurrend und Zähne fletschend einen Spiegelsaal betritt. Hunderte Hunde stehen ihm nun gegenüber und tun das Gleiche. Tritt er jedoch ein und wedelt mit dem Schwanz, werden sich die anderen Hunde im Saal genauso freudig spiegeln!

Denke immer daran: „Schließt sich eine Türe, öffnen sich dafür viele, viele andere!“

Verlierst du heute vielleicht deinen Arbeitsplatz, werden sich dir schon morgen viele andere Dimensionen öffnen. Verkriechst du dich allerdings, ob der dir widerfahrenen Ungerechtigkeit und zerfließt in einer Phase des Selbstmitleids, wirst du einfach übersehen, dass sich dir andere Möglichkeiten bieten. Du wirst also an den Türen, die sich öffnen, vorbei gehen oder sie einfach wieder ins Schloss werfen.

Die Emotionen

Natürlich kann es während einer Sitzung zu mehr oder weniger heftigen emotionalen Ausbrüchen kommen. Diese sind nicht weiter schlimm, sondern verhelfen dir lediglich zu einem Loslassen und Auflösen.

Solltest du während der Sitzung also Emotionen wie Freude oder Leid verspüren, dann lass ihnen einfach freien Lauf. Du kannst lachen oder weinen oder auch etwaige auftretende Aggressionen einfach herauslassen. Meist kannst du derlei Gefühlsausbrüche ohnehin nicht wirklich steuern, denn sie treten wie von selbst auf und wirken absolut befreiend. Ein Dagegenwirken oder Unterdrücken würde lediglich deiner Konzentration und überdies dem Auflösungs- und Loslösungsprozess schaden.

Die Empfindungen

Sonja besuchte eines meiner Seminare. Während ihrer Rückführung, die alle Seminarteilnehmer im Zuge ihrer Ausbildung absolvieren, erlebte sie sich in einem früheren Leben als Mark.

Mark war an einem Abend mit Freunden unterwegs und verliebte sich Knall auf Fall in Christin. Er versprühte all seinen Charme um das Herz von Christin zu erobern. In seinen Ausführungen und Erzählungen spürte man förmlich, wie sehr ER (im gegenständlichen Fall also meine Seminarteilnehmerin Sonja!!!) sich in Christin verliebt hatte!

Interessant ist, dass du dich während einer Sitzung mit der Person, die du siehst, vollkommen identifizierst. Du bist dieser Mensch, mit allen Gefühlen, Emotionen und Empfindungen! So kann es schon mal vorkommen, dass eine Klientin bei mir zur Rückführung ist, die in einem früheren Leben als Mann inkarnierte. *In diesem Fall empfindet sie* auch *als* eben dieser *Mann* und spürt und erlebt Liebe und Eifersucht absolut authentisch, auch wenn sie sich im jetzigen Leben niemals in eine Frau verlieben würde.

Das Sehen und Erleben

Auch beim Sehen und Erleben gibt es viele verschiedene Möglichkeiten, die nicht immer einfach zu erklären sind. Daher ist es nicht leicht, dir schon im Vorfeld zu erklären, wie du bei deiner Rückführung sehen wirst.

Tatsache ist, die meisten Klienten erleben alles wie in einem Film. Manche spielen eben dann auch die Hauptrolle in diesem Film. Mit allen Emotionen.

Oft werden bestimmte Szenen klar und deutlich, andere wieder wie durch eine Nebelwand gesehen.

Manche Menschen haben einfach das Gefühl, dass da etwas ist oder gerade passiert.

Wie hat es eine Klientin von mir einmal so treffend ausgedrückt:

„Ich sehe nicht bildlich, sondern nur in Gedanken!“

Dazu mein Vorschlag:

Stell dir einmal NICHT vor, dass ein rosa Elefant den Eifelturm hochklettert..............!

Ist dieses Bild jetzt trotzdem da?

Ja?

Aber, wo ist es?

In dir, vor dir, hinter dir, neben dir? Kannst du mir beschreiben, wie und wo es ist?

Also einigen wir uns darauf, es ist einfach da!

So ist es auch bei der Rückführung. Die Bilder, Eindrücke, Emotionen sind einfach da!

Tatsache ist, dass mit Fortdauer der Sitzung immer mehr Sicherheit gewonnen wird, die sich dann auch in einem größeren Potenzial des Zulassens und in weiterer Folge des Sehens äußert.

Eine Visualisierungsübung

Damit du schon vorher ungefähr eine Ahnung hast, wie du etwas sehen kannst, werde ich nun mit dir ein paar Übungen absolvieren.

Lass dir die folgenden Zeilen von einem Bekannten/Verwandten vorlesen oder merke dir einfach den Ablauf:

Stell dir bitte, mit geschlossenen Augen, eine schöne, große, runde Melone vor.

Welche Farben siehst du? Streiche mit deinen Händen über die Schale. Wie fühlt sie sich an? Jetzt nimmst du ein Messer und schneidest die Melone in zwei Hälften. Kannst du dabei vielleicht auch die krachenden Geräusche hören? Nun schneidest du dir von einer Hälfte ein mundgerechtes Stück ab, nimmst es dann in beide Hände und drehst es seitlich so zu deinen Augen, dass du dir den Aufbau und die Farben genau ansehen kannst. Sieh es dir an - von oben nach unten und von unten nach oben.

Gibt es vielleicht Besonderheiten? Kannst du die Melone vielleicht sogar riechen? Wenn du möchtest, kannst du nun ein Stück abbeißen und ihren Geschmack feststellen.

Nun öffnest du wieder deine Augen.

Wie ist es dir dabei ergangen?

Hier wurde von mir versucht, alle deine Sinnesorgane (Sehen, Fühlen, Hören, Riechen, Schmecken) zu aktivieren. Allerdings ist es eher selten, dass schon zu diesem Zeitpunkt alle fünf Sinne so intensiv geschärft sind, dass du alles ganz klar und deutlich wahrnehmen kannst.

Wichtig ist hier, die Melone überhaupt zu sehen.

Übrigens, hast du vielleicht gerade an eine Wassermelone gedacht?

Interessant, denn 99,99 Prozent aller Klienten und Seminarteilnehmer haben Wassermelonen vor ihrem inneren Auge, obgleich ich nichts davon erwähne.

Weiters fällt auf, dass spätestens bei dem Satz:

„Gibt es Besonderheiten?“, auch meistens die dunklen Kerne gesehen werden.

Diese Frage ist natürlich suggestiv verpackt.

Der Fingerschluss-Test

Zusätzlich zu der bereits erwähnten Visualisierungsübung „Melone“, werde ich mit dir auch noch eine weitere Übung absolvieren. Diese empfiehlt sich, um zu erfahren, wie suggestibel du bist.

Verschränke dazu deine Finger.

Die Zeigefinger der linken und rechten Hand richtest du nun gerade auf, sodass sie parallel zueinander stehen, sich jedoch nicht berühren (Abstand ca. 2 cm).

Nun stellst du dir vor, dass sich in beiden Fingern ganz starke Magnete befinden. Magnete, die sich unwiderstehlich, unaufhörlich anziehen.

Beobachte dazu ganz genau deine Finger!

Immer stärker und stärker wird die Anziehungskraft, bis sich deine Finger(kuppen) dann schließlich berühren.

Na? Ich nehme an, es hat geklappt!

Das Ansprechen der Sinnesorgane

Es gibt noch eine Vielzahl an Übungen, die du durchspielen kannst. Bei den nachfolgenden Übungen werden all deine Sinne getestet.

1 - Visualisieren der Handfläche (Visuelles Erfassen)

Betrachte die Innenfläche einer deiner Hände einmal ganz genau. Wichtig dabei ist das Einprägen der Handlinien, mit allen Verbindungen und Kreuzungen. Nun schließt du deine Augen und versuchst dir alles so intensiv wie möglich zu visualisieren.

2 - Finger schnippen (Auditives Erfassen)

Nun schnippst du mit deinen Fingern und achtest darauf, wie es klingt. Bei geschlossenen Augen versuchst du nun, das dabei entstehende Geräusch, ohne weiter zu schnippen, zu hören.

3 - Fühlen der Fingerspitzen (Kinästhetisches Erfassen)

Reibe nun eine Zeit lang die Fingerspitzen einer Hand aneinander. Im Anschluss schließt du deine Augen und versuchst weiter zu Fühlen und zu Empfinden, ohne mit dem Reiben fortzufahren.

4 - Tannenbaum (Olfaktorisches Erfassen)

Bei geschlossenen Augen versuchst du dir nun einen saftigen Tannenbaum vorzustellen. Riechst du ihn bereits?

5 - Lieblingsspeise (Gustatorisches Erfassen)

Denk mal an deine Lieblingsspeise, so, als würde sie gerade vor dir stehen. Versuch sie nun so intensiv wie möglich zu schmecken. Läuft dir bereits das Wasser im Mund zusammen?

Hast du beim Lesen dieses Kapitels Angst empfunden?

☐ **Ja** ☐ **Nein**

Das Clearing –
Der Jenseitskontakt

> „Die ich rief die Geister,
> werd´ ich nun nicht los."
>
> Johann Wolfgang von Goethe

Von Geisterhand bewegt

Eines Tages hörte ich hinter mir ein seltsames, kratzendes Geräusch. Zu diesem Zeitpunkt absolvierten gerade acht Teilnehmer den praktischen Teil einer Ausbildung zum Clearingtherapeuten. Der Mimik der Kursteilnehmer konnte ich entnehmen, dass sich gerade etwas ungewöhnliches ereignete. Mit weit geöffnetem Mund, geweiteten Augen und fassungslosem Blick starrten sie an mir vorbei an die hinter mir befindliche Wand. Als ich mich dieser zuwandte bemerkte ich, dass ein dort befestigtes Bild gerade - wie von „Geisterhand" - über die gesamte Wandfläche verschoben wurde. Beinahe zeitgleich löste sich ein zweites und fiel mit einem lauten Krach zu Boden. Interessant dürfte in diesem Zusammenhang der Umstand sein, dass die beiden Bilder von mir mit Silikon angeklebt wurden, ein Verschieben oder Herabfallen daher so gut wie unmöglich war. Das „verrückte" Bild konnte von mir danach auch nur unter Zuhilfenahme eines Spachtels wieder entfernt werden, da es extrem fest an seinem neuen Platz haften blieb. Nachdem ich lediglich mit einem Schmunzeln auf die Situation reagierte, entspannte sich auch die Haltung meiner Seminarteilnehmer wieder. Dadurch bekam allerdings jeder von ihnen ein Gefühl dafür, dass ein Clearing nicht immer „reibungslos" abläuft.

Die Vorbereitung auf ein Clearing

Wie uns das nachfolgende Fallbeispiel zeigt, sollte man vor Clearings zwar Respekt, jedoch keine Angst haben.

Manchmal geht es auch durchaus heiter zu.

Ewald war 39 Jahre, als er sich bei mir zu einer Sitzung einfand. Im Zuge des Clearings konnte ich mit einem kleinen, 6-jährigen Mädchen, das sich in seinen Körper verirrt hatte, Kontakt aufnehmen und sprechen. Nachdem ich sie davon überzeugt hatte, dass sie bereits gestorben war und ihr Platz im Licht sei, bat ich sie, noch andere Energien dorthin mitzunehmen. „Ja, wie mach ich denn das?“, fragte das Mädchen mit Ewalds Stimme, wobei diese tatsächlich vollkommen kindlich klang. „Frag einfach, ob jemand mit dir mitgehen möchte“, gab ich ihr zur Antwort. „Haaaaallooooooo, möchte jemand mit mir mitgehen.....?“ rief sie dann, erneut mit Ewalds Stimme.

An dieser Stelle möchte ich bemerken, dass auch ich lange an der Existenz von Verstorbenen, deren erdgebundene Seelen sich in die Körper Lebender einschleichen oder auch verirren, um auf diese Art weiter zu leben, gezweifelt habe.

Intensive Ausbildungen und Forschungen auf diesem Gebiet haben mich allerdings eines Besseren belehrt.

Es gibt offensichtlich tatsächlich Verstorbene, die nicht ins Licht gehen wollen, da sie annehmen, hier auf Erden noch etwas erledigen zu müssen. Dies könnten beispielsweise nahe Anverwandte sein, die meinen, jemanden behüten oder beschützen zu müssen. Es gibt aber auch Seelen, die sich nicht zu gehen trauen, da sie Zeit ihres Lebens andere bestohlen, beraubt oder am Körper verletzt - vielleicht sogar getötet - haben und nun meinen, dass über sie in der Geistigen Welt entsprechend gerichtet werden würde. Manch arme Seele weiß und versteht aber auch gar nicht, dass sie bereits verstorben ist, da sie plötzlich (z.B. Unfalltod) aus dem Leben gerissen wurde.

Diese Fremdenergien, die meist gar nichts Böses im Sinn haben, sind jedoch ungewollter Weise „Energieräuber". Das heißt, sie entziehen uns Menschen wichtige Lebensenergien. Dies kann sich dann dadurch äußern, dass man bestimmte Schmerzbereiche hat und in weiterer Folge vielleicht sogar oftmalige Operationen über sich ergehen lassen muss.

Katrin kam zu mir, da sie ständig Unterleibsschmerzen verspürte. Unzählige Arztbesuche und darauf folgende Operationen hatten nie den gewünschten Erfolg gebracht. Bei unserem Clearing konnten wir zwei erdgebundene Seelen ausfindig machen, welche sich genau an dieser Körperstelle festgesetzt hatten. Bereits kurze Zeit nach der Sitzung verschwanden die Schmerzen und meine Klientin hat seither zu diesem Thema weder Ärzte konsultiert, noch Medikamente benötigt.

Das Clearing dient also zur Befreiung von Fremdenergien bzw. erdgebundenen Seelen und kann im Zuge der Rückführungssitzung durchgeführt werden. So werden Körper, Geist und Seele gereinigt und wieder harmonisiert.

Clearings können sehr phantastisch werden, da mitunter auch mal ein Verstorbener über die Stimme des Klienten mit mir zu sprechen beginnt. Im entspannten Zustand jedoch wirst du weder Angst noch Panik verspüren.

Das garantiere ich dir!

Und es ist ja schließlich auch so, dass das alles nicht bei uns im Raum abläuft, sondern vor deinem inneren Auge, also an dem Ort, an dem du dich mit deinem Seelenheiler aufhältst (im Licht oder auf einer Wiese).

Wozu ein Clearing?

Laut meiner Erfahrung ist beinahe jeder Mensch Träger von Fremdenergien, die ihn beeinträchtigen und mehr oder weniger stark schwächen. Um eine Harmonisierung von Körper, Geist und Seele zu erwirken, ist es daher notwendig diese zu entfernen und ins Licht zu geleiten.

Meist sind solche Energien auch die Ursache für Beschwerden, die trotz mehrmaliger Arztbesuche nicht befundet werden können. Da organisch alles abgeklärt ist und in Ordnung zu sein scheint, werden diese fremd besetzten Personen dann oftmals als Hypochonder abgetan.

Wer und was sind Fremdenergien?

Fremdenergien sind daher bereits verstorbene Menschen, deren Seelen, aus nachstehend angeführten Gründen, nicht ins Licht gegangen sind und sich nun im „Zwischenreich", zwischen Diesseits und Jenseits, aufhalten.

Wie zum Beispiel jemand, der

- plötzlich aus dem Leben gerissen wurde (Unfallopfer)
- seine Verwandten, Bekannten oder Freunde nicht verlassen möchte oder meint, sie noch beschützen zu müssen
- von sich meint, ein schlechter oder sogar böser Mensch gewesen zu sein

Aber auch Seelenanteile können störend und energieraubend wirken. Wenn dir zum Beispiel dein Vater schon als Kind immer vermittelt hat, dass du zu nichts taugst, absolut wertlos bist und es im Leben daher auch zu nichts bringen wirst, dann manifestiert sich dieser Seelenanteil als negative Energie in dir. Im Verlauf deines Lebens wirst du dich daher immer wieder selbst mit den Themen Selbstwert und Nutzlosigkeit konfrontieren.

Wie bemerkst du Besetzungen?

Alle körperlichen und geistigen Veränderungen, die sozusagen über Nacht kommen, deuten auf Fremdenergien hin.

- physische und psychische Veränderungen
- Schwäche und Energielosigkeit
- Missbrauch von Alkohol und Drogen

Wer wird von Fremdenergien besetzt?

Als Besetzte oder „Wirte“ werden Menschen bezeichnet, die Seelen von Verstorbenen in ihrem physischen, also grobstofflichen oder auch spirituellen, feinstofflichen Körper (der Aura) tragen.

Besonders „angriffsfähig“ ist jemand, der

- im Koma liegt
- hohes Fieber hat
- durch eine Krankheit extrem geschwächt ist
- durch Alkohol oder Drogen vorübergehend geschwächt ist
- süchtig ist (Drogen, Alkohol)
- einen nahen Anverwandten verloren hat der nicht ins Licht gegangen ist.

Wo holt man sich Besetzungen?

Verstorbene Seelen holt man sich überall dort, wo „gerne gestorben wird“, bzw. wo gerne und viel getrunken wird.

- Krankenhäuser
- Altersheime
- Friedhöfe
- Gaststätten, Bars etc.

Wie lokalisiere ich Fremdenergien?

Die für mich sicherste Methode Fremdenergien fest zu stellen und zu lokalisieren sind die so genannten ideomotorischen, also automatischen, Fingerzeichen.

Dazu werde ich suggestiv deine Arme entspannen, um direkte Antworten aus deinem Unterbewusstsein zu erhalten.

Vielleicht bist du jetzt verwundert, wenn ich dir sage, dass dann deine Finger wie von selbst zu schweben beginnen und mit mir „sprechen“ werden. Habe ich einmal bestimmt, welcher Finger für „Ja“ und welcher für „Nein“ antwortet, kann ich die Anzahl der Fremdenergien ganz leicht abfragen.

Auf diese Art lässt sich auch ganz einfach erfahren, ob es in deinem Unterbewusstsein Flüche, Gelübde, Gelöbnisse oder Schwüre gibt, die du auflösen darfst und ob du Implantate, schwarzmagische und dämonische Energien, Seelenanteile oder sonstige negative Energien, die dich belasten oder behindern, in oder an dir trägst.

Interessant für mich ist immer wieder der Umstand, dass Klienten auf die Frage: „Gibt es im Körper oder im Energiekörper Fremdenergien?“ aus dem Verstand heraus mit einem Kopfschütteln, also einem „Nein“ antworten, jedoch aus dem Unterbewusstsein der „Ja"-Finger aktiviert wird.

Darüber ist der Klient dann meist selbst verblüfft.

Welche Befreiungsmethoden gibt es?

Die Befreiung und Reinigung erfolgt stets in Zusammenarbeit mit der Geistigen Welt, deinem Seelenheiler und eventuell zu Hilfe gerufener Engel und Erzengel. Es handelt sich hier um eine sanfte Form, die weder eines Herauspeitschens unter Höllenqualen, noch irgendwelcher Riten mit verhüllten Gestalten, geheimnisvollem Singsang und Opferlämmern bedarf.

Exorzistische und gewalttätige Befreiungsmethoden sind meiner Ansicht nach vollkommen übertrieben und gehören nicht in unser Jahrtausend. Obgleich ich diese Art der Reinigung eher aus mittelalterlichen Szenarien kenne, wird sie in dieser Form bis heute betrieben. Für mich ist dies jedoch vollkommen unverständlich und daher absolut entbehrlich!

Allgemeines zu Clearings

Da die Geistige Welt keinen Zugriff auf Seelen hat, die nach dem körperlichen Tod ihren Weg ins Licht nicht gegangen sind oder ihn nicht gefunden haben, liegt es nun an uns, also an dir und mir, die (Ver-) Mittler zwischen geistiger (spiritueller) und weltlicher Welt zu spielen.

Sobald wir darum bitten, diese Erdgebundenen abzuholen, wird dies auch geschehen. Daher ist es unsere Aufgabe all diesen Seelen ihren Weg zu zeigen, um ihnen spätere Inkarnationen zu ermöglichen!

Dabei dürfen wir verstorbene Verwandte und Bekannte,

Seelenheiler, Engel (Elohim) oder auch Erzengel (Michael, Metatron) um Hilfe bitten.

Obgleich manche Seelen auch mal ängstlich, verstört, herrisch, mürrisch, zynisch oder ein wenig böse anmuten, wissen wir im Grunde, dass dies lediglich die Gefühlszustände sind, deren sie sich als Menschen bedient haben. In Wahrheit sind sie ja nur wenige Schritte von der Vollkommenheit entfernt und mit unserer Hilfe und der Hilfe der Geistigen Welt werden sie bald wieder zu einem lichtvollen, harmonischen Seelenleben finden.

Daher werden wir die Erdgebundenen mit allen Überredungskünsten und jeder erdenklichen Taktik dazu bewegen ins Licht zu gehen!

Das Clearing au Block

Nadine hatte mir als Beruf „Bürokauffrau" genannt. Daher war ich etwas überrascht, als mir die ideomotorischen Fingerzeichen sechsunddreißig Fremdenergien anzeigten. Nach dem Clearing meinte ich, dass sie für eine Bürokauffrau ganz schön was abbekommen hätte und erklärte ihr, dass ich dies eher von Ärzten, Krankenschwestern, Kellnern und ähnlichen Berufssparten gewöhnt bin. Danach meinte sie: „Kein Wunder, ich habe auch jahrelang in einem Geriatriezentrum (Altenheim) gearbeitet!"

Sei also nicht verwundert, wenn sich bei deinem Clearing 10, 20, 50 oder noch mehr Fremdenergien finden.

(Der Rekord liegt bei über zweihundert!)

Wir müssen hier nicht jede Energie einzeln ins Licht führen (lassen). Viele Seelen sind froh, dass ihnen nach vielen Jahren, Jahrzehnten oder gar Jahrhunderten (hier erfolgt die Besetzung über viele Leben, da der Erdgebundene von der inkarnierten Energie immer wieder angezogen wird) endlich der Weg ins Licht gezeigt und geöffnet wird. Wir bitten dazu einfach eine deiner Fremdenergien bei den anderen nachzufragen, wer denn jetzt alles den Weg ins Licht gehen möchte. Du wirst sehen, dass sich hier spontan ein paar Freiwillige verabschieden.

Es ist allerdings oft wesentlich schwieriger eine einzelne Energie zu überreden ins Licht zu gehen. Im Speziellen dann, wenn es sich um einen nahen Anverwandten handelt, da hier seitens des Klienten UND der Fremdenergie, also beidseitig, „geklammert" wird. Es ist wichtig, dass hier ein gegenseitiges Loslassen stattfindet, da jeder in seinen eigenen Energien leben sollte und leben darf.

Das Fernclearing - Befreiung von Fremdenergien über Verwandte oder Bekannte

Katrin und Sabine sind Zwillingsschwestern. Bei einer Sitzung mit den beiden bin ich durch „Zu-fall"" (unter Zufall verstehe ich das, was mir zu-fällt!) auf das Thema Fernclearing gestoßen. Da Katrin, auf Grund ihrer geistigen Verfassung - in Folge eines Autounfalls - extrem panisch reagierte und ich daher eine Fortführung der Sitzung mit ihr für unverantwortlich hielt, bat ich Sabine, sich mir als Medium zur Verfügung zu stellen. Ich schickte Sabine in die Aura und den grobstofflichen Körper von Katrin und hielt sie an nachzusehen, ob sich darin Fremdenergien und Seelenanteile befanden. Tatsächlich fand Sabine vier Energien, die wir mit Hilfe der Seelenheiler der beiden auch tatsächlich ins Licht schicken durften.

Ein anderer Fall war der von Ingrid und ihrer Tochter Leonie. Ingrid bat mich um Hilfe bezüglich ihrer 5-jährigen Tochter, da diese beinahe jede Nacht extreme Angstzustände hatte und überdies Bettnässerin war. Auf meine Frage, ob es da auch jemanden gebe, mit dem sich die kleine Leonie unterhalten würde, der jedoch für die Eltern nicht sichtbar sei, meinte Ingrid, dass dies leider überdies der Fall wäre. Für mich war klar, dass es sich hier einzig und allein um Fremdenergien handeln könne. Nachdem ich ihr mitgeteilt hatte, dass ich Leonie gar nicht benötige, sondern lediglich sie sich bei mir einfinden solle, vereinbarten wir bereits für die darauf folgenden Tage einen Termin. Nachdem ich zuerst sie (Ingrid) und anschließend ihre Tochter (per Fernclearing) gereinigt hatte, baten wir die Seelenheiler der beiden auch noch den Wohnbereich, den Vater und den Bruder von Leonie zu clearen.

Einige Tage später erhielt ich eine Nachricht von Ingrid, in der sie mir mitteilte, dass ihre Tochter seit diesem Tag durchschlafe, keine Angstzustände mehr hatte und auch nicht mehr ins Bett machen würde. Überdies schrieb sie mir, dass ihre Tochter genau zu der Zeit, an der wir das Clearing durchführten, ziemlich unruhig war und sich extrem an den Hals ihres Vaters klammerte.

Die Reinigung von Räumen

Selma hatte drei Wächter der Finsternis in ihrer Wohnung. Erzengel Michael, welcher von mir zu Hilfe gerufen wurde, bestätigte, dass er den Bereich zwar reinigen könne, aber dazu drei Tage und drei Nächte benötigen würde.

Auch die Reinigung von Wohn- und Arbeitsbereichen, sowie von Grundstücken lässt sich mit Hilfe des Seelenheilers und der Geistigen Welt relativ leicht bewerkstelligen.

Hier bitten wir einfach darum, dass am entsprechenden Ort Nachschau gehalten und uns mitgeteilt wird, ob sich dort Fremdenergien aufhalten. Danach bitten wir weiters, dass der Ort gereinigt und mit Licht aufgefüllt wird.

Zusätzlich kannst du, wenn du nach Hause kommst, auch noch selbst jeden Raum ausräuchern. Dazu nimmst du ein geeignetes Räuchergefäß und entzündest ein paar Blätter „Sage" (sprich: Setsch), ein Räucherwerk der nordamerikanischen Indianer, oder bei uns auch „Präriebeifuß" bzw. weißer Salbei genannt, und gehst damit von Raum zu Raum. Beginne immer neben der Türe rechts und gehe - gegen den Uhrzeigersinn - durch ALLE Räumlichkeiten.

Lasse nun alles 5 Minuten wirken. Im Anschluss öffnest du die Fenster und lässt alles Negative hinausziehen.

Danach schließt du die Fenster, gehst - im Uhrzeigersinn - neuerlich durch alle Räume und bringst so die positive Energie ein.

Die Fenster werden danach nicht mehr geöffnet!

Bitte verwende Weihrauch nur dann, wenn du ihn mit Myrrhe versetzt, da du sonst genau das Gegenteil erreichst, nämlich solche Energien anzuziehen.

Implantate - neueste Erkenntnis auf dem Clearingsektor

Auch ich habe im Zusammenhang mit Clearings und erdgebundenen Seelen lange nichts von der Existenz solcher Implantate gewusst, welche von anderen Dimensionen und Spezien stammen und uns Menschen eingepflanzt werden, um uns zu schwächen, zu kontrollieren und zu überwachen.

Hierbei handelt es sich meist um platten- oder kugelförmige Gebilde, mit langen tentakelähnlichen Fangarmen, an deren Enden sich Widerhaken befinden. Diese krallen sich tief in unseren grobstofflichen, menschlichen Körper, aber auch in unsere Aura, unsere feinstofflichen Energiekörper. Beim Clearing achte ich mittlerweile im Speziellen darauf, da auch diese von der Geistigen Welt nur dann entfernt werden dürfen, wenn gezielt danach gefragt und um deren Entfernung gebeten wird. Meist empfindet sie der Klient als Lebewesen, die beim Verbrennen (durch den Seelenheiler) quiekende, zischende oder grollende Geräusche von sich geben.

Schwarzmagische und dämonische Energien

Im Laufe meiner Tätigkeit ist mir auch aufgefallen, dass die meisten Clearingleiter sehr wohl nach Fremdenergien, aber weder nach schwarzmagischen, noch dämonischen Energien fragen. Obwohl diese eher selten vorkommen, können sie ebenfalls nur dann entfernt werden, wenn man die Geistige Welt um eine Befreiung von denselben bittet.

Erdgebundene Tierseelen

Dass auch verstorbene Tiere erdgebunden bleiben können, hätte auch ich nicht für möglich gehalten, bis eines Tages eine Klientin ausrief: „Hey, da ist ja auch noch mein Meerschweinchen!!!“

Einige Zeit hielt ich das für ein reines Phantasiegebilde, bis es mir mit anderen Klienten ebenso erging. Diese hatten Besetzungen von ihrem Hund, ihrer Katze, ja sogar ihrem Pferd. Offensichtlich verhält es sich mit Tierseelen also ähnlich wie mit einer menschlichen. Verstirbt das Tier plötzlich oder hat es eine überaus starke Bindung zu einem Menschen, dann bleibt seine Seele erdgebunden.

Die Veränderung

Ich bin immer wieder überrascht, wie sehr sich manche Klienten nach einem Clearing auch optisch verändern. Diese haben dann meist einen wesentlich weicheren und entspannteren Gesichtsausdruck. Sie sehen nach dieser Reinigung oft viel jünger, vitaler, ja sogar strahlender aus als zuvor.

Gegebenenfalls lasse ich diese dann in einen Spiegel sehen. Die Bestätigung erhalte ich, wenn auch meine Klienten die Veränderung bewusst wahrnehmen. Aussagen wie: „Wow, ich sehe ja vollkommen verändert aus. Das ganze Verbissene in meinem Gesicht ist plötzlich weg!", sind dann keine Seltenheit.

Überdies erfahren die meisten auch physische und psychische Besserungen und sogar Spontanheilungen, sowie Spontanentwöhnungen von Alkohol und Zigaretten!

Hierzu kommt es dann, wenn eine Fremdenergie seine Gewohnheiten - z.B. Rauchen und Trinken - in einem „Wirt" auslebt.

Ein typischer Fall war Silke. Sie beteuerte mir gegenüber, dass sie bis zum 28. Lebensjahr keine einzige Zigarette angerührt, ja das Rauchen bei anderen sogar vollkommen verabscheut hatte. Sozusagen über Nacht, nämlich nach einem ausgedehnten Discobesuch und einigen damit verbundenen Gläschen Alkohol, wuchs in ihr das Verlangen zu Rauchen. Sie meinte: „Von diesem Tag an habe ich Unmengen geraucht. Ich könnte fast sagen ich „fresse" die Zigaretten geradezu. Nun sind es bereits an die drei Packungen täglich und ich weiß überhaupt nicht warum!"

Silke war jetzt 29 Jahre alt und vollkommen verstört ob dieses Umstands. Nach dem Clearing, bei dem wir sie von einer erdgebundenen Energie, die in ihrem Leben starker Raucher war, befreit hatten, warf sie die angebrochene Packung Zigaretten, die sie in ihrer Handtasche verstaut hatte, noch bei mir in den Mülleimer. Auch jetzt, drei Jahre später, ist sie noch immer glückliche Nichtraucherin.

Man sieht, auch beim Clearing gibt es viele, viele Möglichkeiten, um Körper, Geist und Seele, ja sogar Wohnbereiche und Grundstücke wieder zu harmonisieren und in Einklang zu bringen.

Täglicher Schutz

Visualisiere dir im Bereich des Solarplexus (Bauchchakra) eine weiße Energiesonne. Spüre dich in die angenehme Wärme und die pulsierende Energie ein. Nun lässt du diese sich ausdehnen. Zuerst in deinem gesamten Körper, in jeden Körperteil, jedem Organ, jeder Zelle. Schließlich hüllst du deinen grobstofflichen, physischen Körper vollkommen in diese Energie ein.

Diesen Schutz solltest du zweimal täglich - unmittelbar nach dem Erwachen und unmittelbar vor dem Einschlafen - anwenden.

Wie viele Clearingsitzungen werden benötigt?

Beim Clearing verhält es sich so wie bei Rückführungssitzungen.

Man benötigt mit Sicherheit nur eine einzige Sitzung!

Auch wenn du 200 oder noch mehr Fremdenergien mit zu mir bringst ist es meine Aufgabe, diese auf einmal zu entfernen.

Lasse dir bitte keinesfalls einreden, dass man pro Sitzung nur soundso viele Energien entfernen kann.

Das ist Geldmacherei!

Natürlich bist du nicht davor gefeit, dass du wieder mal etwas anziehst.

Allerdings vergiss nicht:
Das Risiko, sich fremde Energien zu holen, minimiert sich mit deinem Lebenswandel und damit, dass du Verstorbene auch wirklich loslässt!

Trotzdem rate ich meinen Klienten im Abstand von einem halben bis zu einem Jahr wieder mal vorbei zu sehen, um sich unverbindlich auf Fremdenergien testen zu lassen.

Der Jenseitskontakt

Martina wollte im Zuge einer Sitzung einen Kontakt zu ihrem verstorbenen Onkel aufnehmen. Dieses Anliegen war für mich ungewöhnlich, da sich meine Klienten eher dazu entschließen unmittelbare Verwandte, wie Großeltern, Eltern oder verstorbene Partner zu kontaktieren. Martina erzählte mir, dass sie und ihr Bruder noch kleine Kinder waren als ihr Onkel, für sie beide vollkommen überraschend, aus dem Leben schied. Den Kindern wurde lediglich erklärt, dass ihr Onkel gestorben sei. Auf drängende Fragen wie und warum, bekamen sie keine Antwort. Es wurde einfach der Mantel des Schweigens darüber gehüllt. Weder ihre Mutter, die mittlerweile ebenfalls bereits verstorben war, noch ihr Vater, der einzige noch lebende Zeitzeuge, hatten jemals das Geheimnis gelüftet. Nun verstand ich das Angehen meiner Klientin. Nachdem der Kontakt mittels Seelenheiler hergestellt war, erklärte Onkel Karl, dass die Eltern es vor den Kindern wohl geheim gehalten hätten, da er sich in ihrer Wohnung erhängt habe. Er werde aber bald wieder inkarnieren, wo er Gelegenheit hätte alles besser zu machen. Mit diesem Wissen ausgerüstet, konfrontierte Martina ihren Vater. Dieser reagierte vollkommen sprachlos und verstört und fragte sie, woher sie diese Informationen bezogen hätte.

Du siehst also, dass du im Zuge der Sitzung ganz leicht auch mit dem Jenseits Kontakt aufnehmen kannst, so es dein Seelenheiler und die Geistige Welt erlaubt.

Du kannst in dem Fall deinen Heiler bitten den Verstorbenen zu dir zu holen, wirst ihn vor deinem inneren Auge - in der Gestalt, die er vor seinem Tod verkörpert hat - sehen und mit ihm sprechen können.

Aber keine Angst, es wird kein Verstorbener für dich sichtbar plötzlich im Zimmer erscheinen!

Clearing vor Jenseitskontakt

Julia wollte mit ihrem verstorbenen Lebensgefährten Kontakt aufnehmen. Beim Vorgespräch erzählte sie mir, dass sie jeden Tag, beim zu Bett gehen, dass Gefühl hätte, er wäre bei ihr im Zimmer. Natürlich ahnte ich bereits, dass es sich hier um eine erdgebundene Seele handelte, und mir Julia überdies noch mitteilte, dass Franz bei einem Autounfall (also plötzlich und auch für ihn überraschend) ums Leben gekommen war.

Schon beim Clearing kam…FRANZ!

Offensichtlich hatte er tatsächlich keine Ahnung, dass er bereits verstorben war. Nachdem ich den beiden ausreichend Zeit gegeben hatte sich auszutauschen, gab ich Julia zu verstehen, dass es nun an der Zeit wäre sich zu verabschieden. Nun begann das gegenseitige „Klammern“. Keiner der beiden wollte vom anderen loslassen. Nach einigen Minuten des Zuredens hatte ich geschafft, dass Julia ihn gehen ließ und auch Franz sich ins Licht verabschiedete. Am nächsten Tag schrieb Julia mir eine E-Mail in der sie mir zu verstehen gab, dass sie die Verabschiedung nur gespielt hätte und Franz gar nicht gehen ließ, sondern er immer noch bei ihr wäre.

Tja, in einem solchen Fall bin ich leider machtlos, denn ich bin mir auch sicher, dass kein Arzt bei dir anruft und fragt ob du die Medikamente, die er dir verschrieben hat, auch tatsächlich genommen hast.

Wichtig ist in jedem Fall, dass vor einem Jenseitskontakt unbedingt ein Clearing erfolgen muss, da wir nie sicher sein können, ob ein lieber Verstorbener sich bereits im Licht befindet oder, aus welchem Grund auch immer, doch noch erdgebunden ist.

Hast du beim Lesen dieses Kapitels Angst empfunden?

☐ **Ja** ☐ **Nein**

Die Energiearbeit und die Auflösung

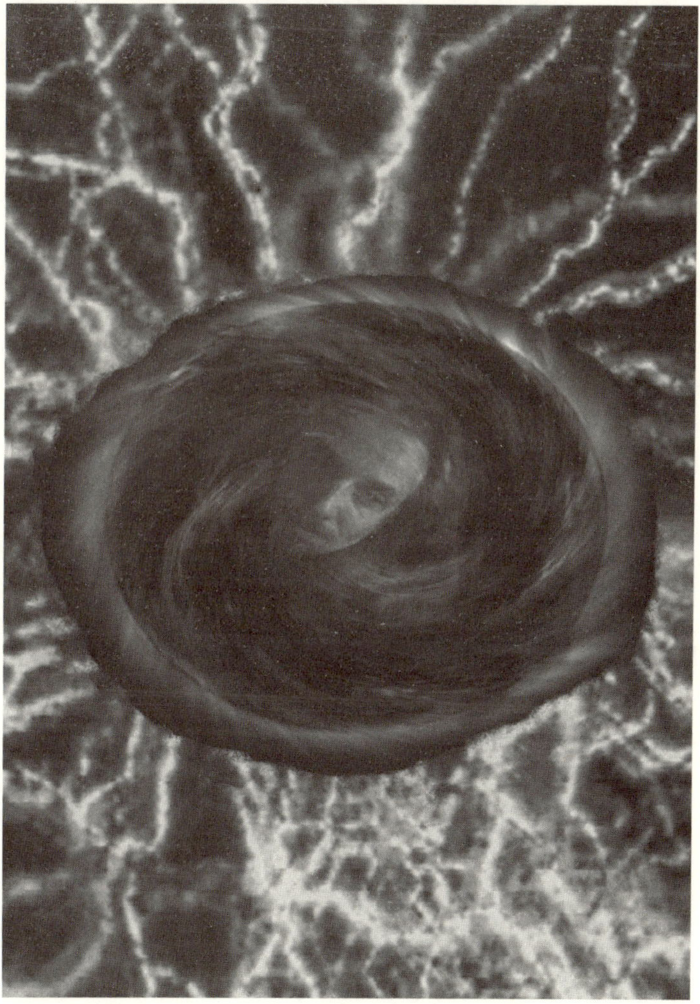

„Energie ist nicht das Licht, das ich entzünde, sondern das Licht, das ich aussende."

Walter A. Posch

Die Chakren und der Chakrenausgleich

Das Wort Chakra kommt aus dem Sanskrit und bedeutet „Räder des Lichts".

Diese Räder nehmen universelle Energien auf und versorgen damit unseren physischen Körper. Kommt es zu Verstopfungen oder Ungleichlauf, fühlen wir uns matt und unausgeglichen.

Die 7 Hauptchakren sind somit die (drehenden) Energiezentren des menschlichen Körpers. Sie sind entlang der Wirbelsäule angeordnet. Diese Verbindungsstellen stellt man sich trichterförmig, und mehrere Zentimeter über die Körperoberfläche hinausragend, vor.

Im optimalen Fall schwingt ein Chakra - ruhig und gleichmäßig - und dreht sich im Uhrzeigersinn.

Die Chakren 1-3 stehen für alles Weltliche.

Die Chakren 5-7 für alles Geistige und Spirituelle.

Das Herzchakra (4) verbindet die weltliche mit der Geistigen Welt.

Die Chakrenübersicht

1 - Wurzel-Chakra (Überleben und Instinkte)
Lage: zwischen den Beinen (Steißbein)
Farbe: ROT

2 - Sakral-Chakra (Lebensfreude, Sexualität)
Lage: 2-3 fingerbreit unter dem Nabel
Farbe: ORANGE

3 - Solarplexus-Chakra (Macht und Wille)
Lage: 2-3 fingerbreit über dem Nabel
Farbe: GELB

4 - Herz-Chakra (Liebe, Beziehung, Mitgefühl, Heilung)
Lage: Brustmitte
Farbe: GRÜN

5 - Hals-Chakra (Kommunikation und Ausdruck)
Lage: Kehlkopf
Farbe: HELLBLAU

6 - Stirn-Chakra / Drittes Auge
(Wahrnehmung, Intuition)
Lage: mittig zwischen den Augenbrauen
Farbe: INDIGO-BLAU

7 - Kronen-Chakra (Spiritualität und Selbsterkenntnis)
Lage: Mitte der Kopfoberseite (Scheitel)
Farbe: VIOLETT

Der Chakrenausgleich

Im Zuge der Rückführung gibt es für mich verschiedene Möglichkeiten, deine Chakren auszugleichen.

1. Ausgleich mit Hilfe des Seelenheilers

Wir bitten deinen Seelenheiler, im Zuge der Energieaufnahme, am Ende der Sitzung deine Chakren zu reinigen und auszugleichen.

2. Ausgleich mittels Chakren-Ampel

Ich werde dir im Zuge der Sitzung nach und nach die Chakrenfarben nennen. Dabei stellst du die genannten Farben wie bei einer Ampel übereinander. Alle Lichter sollten dabei gleich stark leuchten. Nicht zu hell, nicht zu dunkel, nicht zu grell, nicht zu blass. Sollte eine der genannten Farben für dich nicht stimmig sein, dann bittest du deinen Seelenheiler sie dir entsprechend auszugleichen. Wir beginnen mit der Farbe Rot... Orange.... Gelb... Grün.... Hellblau.... Dunkelblau.... Lila.

3. Ausgleich durch den Rückführungsleiter

Sollte der Chakrenausgleich nach einer der oben angeführten Methoden nicht möglich oder für dich nicht stimmig sein, dann kann auch ich diesen Chakrenausgleich vornehmen.

Dabei stelle ich mich als Kanal zur Verfügung, übernehme die universellen Energien und leite sie an dich weiter.

Die Aura und die Reinigung der Aura

Die Aura ist der feinstoffliche - für unsere Augen weitgehend unsichtbare - Energiekörper, welcher unseren physischen, grobstofflichen Körper umhüllt und schützt. Ist die Aura geschwächt, können sich auch bei uns Schwächen im physischen oder psychischen Bereich einstellen, respektive bekommen Fremdenergien einen (ungewollten) Nährboden.

Die Aura unterteilt sich in 7 Schichten, die sich wie Zwiebelschalen um unseren Körper hüllen.

1. Der Ätherkörper (Gesundheitsaura) als Träger aller Krankheiten und unserer Lebenskraft umgibt uns im Abstand von ca. 2-5 Zentimeter und dringt ca. 0,5 cm in den physischen Körper ein.

2. Der Emotionalkörper als Träger unserer Gefühle und Emotionen, sowie unserer Charaktereigenschaften umgibt uns im Abstand von ca. 3-10 cm. In ihm sind auch negative Emotionen, Gefühle und Energien früherer Inkarnationen gespeichert.

3. Der Mentalkörper als Träger unserer Ideen und Gedanken umgibt uns im Abstand von ca. 9-30 cm.

4. Der Kausal- oder Spiritualkörper als Träger der Verbindungen zwischen Weltlicher und Geistiger Welt strahlt zwischen einem halben und mehreren Metern von unserem Körper ab und dehnt sich kugelförmig um uns aus.

5.-7. Körper

Diese Schichten liegen in der immateriellen Welt.

Sie bilden unseren spirituellen Körper mit seinem ätherischen, emotionalen und mentalen Aspekt. Sie haben identische Aufgaben wie die Körper 1-3, jedoch in der immateriellen Welt.

Beim Abtasten des Ätherkörpers, in einem Abstand von ca. 5 cm vom Körper meines Klienten, kann ich Energiestaus oder Energiedefizite erkennen.

Energiestaus zeigen sich mir als hoch verdichteter Bereich, wie eine Beule. Energiedefizite als Energieloch.

Die Aura sehen

Du glaubst nicht daran, dass es eine „Aura" wirklich gibt oder wolltest immer schon einmal den Energiekörper eines Menschen oder Gegenstandes sehen, hast es bisher allerdings noch nie geschafft?

Dann werde ich dir nun zeigen, dass du es innerhalb weniger Minuten erlernen und die Aura tatsächlich sehen kannst.

Es gibt verschiedene Arten, die Aura zu sehen:

1. Mit dem inneren Auge

Hierzu solltest du dich entspannen, die Augen schließen und dein Gegenüber mit deinem inneren Auge „scannen". Visualisiere dir die Aura einfach im Geiste und du wirst tolle Erfolge erzielen.

2. Mit den physischen Augen

Stell dir einfach vor, du befindest dich in Paris und möchtest den Eifelturm fotografieren. Im Vordergrund sind massenhaft Leute, doch die interessieren dich nicht. Dein Fotoziel ist schließlich der Eifelturm. Du zoomst ihn also heran und schießt das Bild. Siehst du es dir später an, wirst du bemerken, dass der Eifelturm ganz scharf im Bild ist. Die Menschen im Vordergrund jedoch eher undeutlich zu sehen sind.

Nun machst du es genauso. Du platzierst eine Person vor einer weißen Wand, defokusierst deinen Blick - das heißt, du lässt ihn einfach weich werden - und besiehst dir, in einem Abstand von 2-3 Metern, die Wand hinter deiner Versuchsperson. Dabei kannst du durch ihr drittes Auge (mittig zwischen den Augenbrauen) hindurch, oder links bzw. rechts neben ihrem Kopf/Schulterbereich, oder knapp über dem Kopf vorbei sehen.

Anfangs wirst du vermutlich nur den Ätherkörper, die erste Schicht, als hellen, gelben Lichtschein, wahrnehmen. Übst du jedoch etwas länger, werden sich mit Sicherheit auch Farben einstellen. Sei allerdings nicht zu ungeduldig!

Hierzu noch ein paar Übungen:

Übung 1

Übung 2

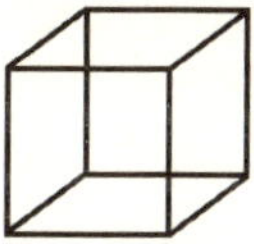

Übung 1:
Im linken Bild erkennst du einen Kelch, lässt du deinen Blick nun wieder defokusieren, dann werden aus dem Kelch zwei Gesichter, die sich anblicken.

Versuche nun einige Male zwischen den beiden Möglichkeiten hin und her zu schalten. Also einmal bewusst die beiden Gesichter, dann wieder den Kelch zu sehen.

Übung 2:

Die Vorderseite des Würfels (rechtes Bild) ist unten links und der Würfel erstreckt sich nach rechts oben. Lässt du deinen Blick nun wieder weich werden, ist die Vorderseite rechts oben und er erstreckt sich nach links unten.

Beginne nun wieder zwischen den beiden Möglichkeiten hin und her zu schalten.

Weitere Übungen:

Übung 3

Übung 4

Übung 3:

Besieh dir zuerst den Stern. Lass dich in diesen hineinfallen, als würde es sich um die Öffnung eines Tunnels handeln. Was geschieht im Inneren desselben?

Was tut sich, wenn du nach längerer Betrachtung auf eine weiße Wand blickst?

Übung 4:

Anschließend schaust du auf den Kreis. Was tut sich rund um den Kreis? Siehst du etwa auch Farben im schwarzen Feld des Kreises? Was geschieht, wenn du anschließend wieder auf die weiße Wand oder Fläche siehst?

Auflösung

Stern (Übung 3):
Hier solltest du im Inneren desselben einen grauen Stern erkennen können. Blickst du danach auf eine weiße Fläche wird der weiße Stern schwarz, das Quadrat aber weiß.

Kreis (Übung 4):
Um den Kreis bildet sich eine helle Umrandung, dies ist seine Aura. Im Inneren erkennst du, bei längerem Hinsehen, viele Farben, wie z. B. rot, violett, grün, blau, gelb, oder zumindest ein helleres grau. Siehst du im Anschluss wieder auf deine weiße Fläche, wird der Punkt weiß, das Quadrat rundherum jedoch schwarz.

Je mehr du übst, desto leichter werden dir diese Übungen fallen und umso besser wirst du im Aurasehen werden.

(Quelle: „Die Aura sehen und lesen - Feinstoffliche Energien wahrnehmen und deuten“ von Ted Andrews)

Die Aura reinigen

Auch die Reinigung der Aura können wir während der Sitzung durchführen.

1. Reinigung mit Hilfe des Seelenheilers
Wir bitten deinen Seelenheiler, im Zuge der Energieaufnahme am Ende der Sitzung, deine Aura zu reinigen und zu stabilisieren.

2. Reinigung durch den Rückführungsleiter
Ich „kämme“ deine Aura vom Kopf bis zu den Zehen einige Male durch.

3. Reinigung durch Clearing
Auch beim Clearing wird die Aura von Fremdenergien gereinigt.

Die Auflösung karmischer Verbindungen

Joachims Karma mit seinem Sohn Markus wurde in einer Sitzung aufgelöst. Nach einigen Monaten traf ich beide wieder. Freudestrahlend erzählte mir Joachim, dass sich die Beziehung der beiden vollkommen zum Positiven verändert hatte. Hatten früher nur Zank und Streit die elterliche Bindung dominiert, gab es heute nur noch Einklang und Harmonie. Mein Klient schilderte mir die Situation so:

„Ich kam damals unmittelbar nach unserer Sitzung nach Hause, wo mir Markus bereits die Türe öffnete. Sogleich fiel mir auf, dass er vollkommen verändert war. Anfangs war ich noch skeptisch und dachte an einen Zufall. Als mein Sohn sich aber nach einer Woche noch immer positiv verhielt fragte ich nach, was seine Veränderung bewirkt hätte. Er meinte, dass er es selbst nicht wisse, aber er weiß, dass er viele Fehler gemacht hat, die er nun nicht mehr machen wolle."

Wir haben also auch die Möglichkeit, karmische Verbindungen - das sind Verbindungen die immer etwas problematisch verlaufen - zu lösen.

Meistens finden sich solche Verstrickungen in Beziehungen wieder. Das Typische: ist er/sie da, raubt es mir den letzten Nerv. Ist er/sie nicht da, fehlt mir etwas.

Aber auch unter Verwandten, wie Mutter-Sohn, Vater-Tochter oder Bekannten und Freunden, ja sogar unter Arbeitskollegen ist Karma ein Thema und sollte daher möglichst aufgelöst werden, um ein ungestörtes „Miteinander" zu ermöglichen.

Flüche, Gelübde, Gelöbnisse, Schwüre

Franziska hatte eine karmische Verbindung mit ihrem Ehemann. Auch hier gestaltete sich das Zusammenleben als äußerst schwierig und unausgeglichen. In der Rückführung erlebte sie, wie sie ihrem damaligen (auch jetzigen) Mann einen hundertjährigen Treueschwur gegeben hatte. Weitere Recherchen zeigten, dass die hundert Jahre, trotz mehrmaliger Verbindungen in verschiedenen Leben, bis heute nicht verstrichen waren.

Flüche, Schwüre, Gelübde und Gelöbnisse sind wohl die mit Abstand stärksten Energiemuster für weitere Leben. Hier speichert man meist über viele Jahrhunderte unbedacht getane Äußerungen oder auch unausgesprochene Gedanken, die einem viele Leben erschweren können.

- „Dich soll der Teufel holen!"
- „Ich wünschte, du wärst tot!"
- „Ich hasse dich!"
- „Wenn du so was noch mal tust, schwöre ich, bring ich dich um!"

Auch diese können wir im Zuge einer Reinkarnationssitzung ansehen und auflösen.

Bedenke allerdings, dass du dir auch in diesem Leben durch derlei Aussagen erneut Karma schaffst, das du wiederum zur Auflösung bringen musst. Vielleicht nicht im Jetzt, aber garantiert im Laufe vieler anderer Inkarnationen.

Die Glaubenssätze

Ein ebenfalls wichtiges Thema bei Reinkarnationssitzungen ist das Abfragen von Glaubenssätzen. Über diese kannst du dir dermaßen viel an negativen Energien und Gefühlen mitgenommen haben, dass es ohne entsprechende Auflösung derselben keine Besserung im Bezug auf deine Gefühle, Emotionen und Probleme geben wird.

Im Speziellen, wenn Emotionen wie Hass, Wut und Zorn auftreten, werden gerne unbedachte Äußerungen getroffen, die sich dann manifestieren können:

- „Ich werde nie wieder jemanden so lieben wie dich!“
- „Ich werde nie wieder jemandem vertrauen!“
- „Ich werde nie mehr spirituell arbeiten!“

Derartige Aussagen müssen losgelassen und mit Hilfe deines Seelenheilers aufgelöst werden.

Weitere Möglichkeiten bei Rückführungssitzungen

Wie wir in den letzten beiden Kapiteln gesehen haben, hat man im Zuge von Rückführungen noch viel mehr Möglichkeiten, als „nur“ eine Rückschau in frühere Leben. Man kann durch Clearings, Auflösung von energetischen Mustern und Verbindungen und der entsprechenden Energiearbeit eine wesentliche Verbesserung des physischen und psychischen Gesamtzustands erreichen. Chakrenausgleich und Aurareinigung sollten überdies einen fixen Bestandteil jeder Rückführungssitzung darstellen.

Hast du beim Lesen dieses Kapitels Angst empfunden?

☐ **Ja** ☐ **Nein**

Verschiedene Themen

> „Selig sind die, denen Zufall zufällt
> und nicht die, die Zufall zu Fall bringt!"
>
> Walter A. Posch

Frühere Leben - Jetziges Leben

Gottfried durchwanderte mehrere Leben, die ihm von seinem Seelenbegleiter gezeigt wurden. Die Frage, ob es noch etwas gäbe, dass er ihm gerne zeigen möchte, bejahte sein Begleiter, nahm ihn an der Hand, führte ihn über Wiesen, durchquerte Büsche und stand mit ihm anschließend auf dem Schrottplatz seines Heimatdorfes des jetzigen Lebens. Dort musste Gottfried noch einmal mit ansehen, wie er als kleiner Junge vom Schrotthändler vergewaltigt wurde. Mein Klient hatte diesen Vorfall vollkommen aus seinem Bewusstsein verdrängt! Erst dadurch durfte er die „Kopfzerbrechen", die er sich gemacht hat und sich im Jetzt als ständige Migräne zeigten, auflösen.

Für manchen Rückführungsleiter erscheint es selbstverständlich, dass man eine Rückschau in frühere Leben nicht anders beginnen kann, als sukzessive das jetzige Leben nach rückwärts zu durchwandern, in die vorgeburtliche, also die pränatale Phase im Mutterleib, einzutreten und danach in ein früheres Leben zu sehen.

Ich jedoch vermeide eine solche Vorgehensweise.

Selbst bei ganz banalen Rückblicken im jetzigen Leben sind bereits heftige emotionale Ausbrüche erfolgt!

Geh zurück zu deinem dritten Geburtstag, wie fühlst du dich?

Klientin: „Toll, ich hab gerade eine neue Puppe bekommen. ABER *(beginnt heftig zu weinen)*, ich bin sooooo traurig, weil meine Mami nicht da ist!!!"

Alleine dein Seelenbegleiter (Schutzengel) entscheidet, was du dir ansehen musst und was nicht!

Bei meiner Art Rückführungen zu leiten entscheidet IMMER der Seelenbegleiter, respektive der Seelenheiler, was wir uns ansehen sollen.

Ausgenommen davon sind Konflikte, die im jetzigen Leben entstanden sind und schwere Krankheiten nach sich ziehen.

Meiner Meinung nach ist es auch völlig sinnlos, eine Klientin, die weiß, dass sie im jetzigen Leben vergewaltigt wurde, alles erneut erleben zu lassen.

Wird dies allerdings von ihr verdrängt und ist nicht Teil ihres Bewusstseins, kann ihr Seelenbegleiter entscheiden, dass sie es nochmals erleben muss.

Vor allem dann, wenn dies nicht mehr in ihren Erinnerungen gespeichert und wissentlich vorhanden ist.

False memory syndrom

Bianca wurde von mir, im Zuge einer Seminarvorführung, in ihrem jetzigen Leben zurückgeführt und sah sich ihren ersten Schultag an. Sie beschrieb ihn in allen Einzelheiten, bis hin zur Kleidung, die von den Anwesenden getragen wurde. Sie selbst sah sich in einem wunderschönen, roten Samtkleid. Sie war richtig stolz auf sich. Nachdem sie sich die Fotos von damals herausgekramt hatte, bemerkte sie, dass sie, im Gegensatz zur erlebten Erinnerung, damals ein blaues Kleid getragen hatte. Sie war enttäuscht, da ihre diesbezüglichen Erinnerungen offensichtlich falsch waren.

Erst nachdem sie ihre Mutter über die damaligen Umstände befragt hatte und diese ihr sagte, dass es sehr wohl ein rotes Kleid gab, sie es jedoch nicht anziehen durfte, verstand Bianca den Zusammenhang.

Im Verlauf der Erinnerung an eine (schlimme) Situation des jetzigen Lebens, kann es auch vorkommen, dass sich jemand an etwas Vergangenes zwar erinnern kann, jedoch die Tatsachen verdreht oder diese entsprechend abändert, um vielleicht dadurch ein positiveres Bild zu erhalten.

So kam es schon vor, dass Erwachsene Streitigkeiten der Eltern, die sie während ihrer Kindheit erlebt hatten, durch das Parteiergreifen für Vater oder Mutter verändert haben.

Begann zum Beispiel die Mutter einen Streit, in dessen Verlauf sie handgreiflich gegen den Vater wurde, drehte der Erwachsene, der nun eine bessere Beziehung zur Mutter pflegte, die Erinnerungen nun plötzlich um und behauptete, dass der Vater es war, der gegen die Mutter tätlich vorging. Hier kommt es zur sogenannten Konfabulation, also zum imaginieren falscher oder erfundener Angaben einer Person zur Vergangenheit, im Glauben dass etwas wahr ist.

Natürlich könnte dies auch im Zusammenhang mit einer - während der Rückführung - wieder erlebten Vergewaltigung oder einer anderen (unsittlichen) Handlung geschehen. Eine solche Situation erfordert vom Rückführungsleiter natürlich besonderes Fingerspitzengefühl.

Tatsächlich wiedererlebte sexuelle Übergriffe haben hingegen leider wenige Chancen, bei Gericht auf offene Ohren zu stoßen.

Daher kommt dem Verzeihen hier eine besondere Bedeutung zu. In diesem Fall lasse ich den Klienten auch noch ein entsprechendes Täterleben ansehen, damit er versteht, warum er etwas so Schlimmes im jetzigen Leben erleiden musste.

Suggestionen

Auch wenn ich in diesem Buch versucht habe so manche Geschichte für Anschauungszwecke zu konstruieren, sind wir Rückführungstherapeuten keine Märchenonkel!

Es wird von mir daher nichts suggeriert, also vorgegeben, das nicht auch tatsächlich vom Klienten gesehen wird.

Leider gibt es einige Rückführungsleiter, die bewusst Leben als Königinnen oder Könige, Prinzessinnen oder Prinzen vermitteln.

Nichts leichter als das! Lasse ich vor deinem inneren Auge ein Schloss oder eine Burg entstehen, muss ich nur noch nachsetzen, indem ich Frage, wie alt du dich fühlst und ob du Mann oder Frau bist. Je nach Antwort, suggeriere ich dir dann eine tolle Adelsgeschichte mit Pomp und Glamour, Pauken und Trompeten.

Aber, so kann man maximal auf einem Jahrmarkt auftreten. Mit seriöser Arbeit hat dies nichts zu tun. Das Geschehen muss, ohne zutun, ganz allein von dir selbst kommen. Ich bin also lediglich der Begleiter der Rückführung und gebe in keinem Fall Geschichten vor!

Die Intuition des Rückführungsleiters

Gudrun hatte ständige Existenzängste. Diese führten so weit, dass sie sich selbst bei Familientreffen lediglich ein Glas Wasser gönnte. Sie musste einfach sparen. In der Rückführung fand sie sich als Maria, um 1200, in Neapel.

Sie war eine vollkommen verarmte Frau, ohne Geld und Arbeit. Ihre Tochter Sarah war 3 Jahre alt. Nahrungsmittel waren unleistbar und so kam es dazu, dass die Kleine krank wurde. Das Leiden des Mädchens verschlimmerte sich zusehends. Auch die Arztkosten waren nicht finanzierbar. „Jetzt ist meine Tochter gestorben", sagte Maria weinend zu mir. Intuitiv fragte ich: „Wie ist sie gestorben?" Obgleich ich mit einem barschen, „Na wie schon, verhungert ist sie!", rechnen musste, antwortete sie: „Ich habe sie getötet, da ich das Dahinsiechen von Christin nicht mit ansehen konnte und sie von ihren Leiden erlösen wollte."

Dieses Sitzungsbeispiel zeigt sehr gut auf, dass auch der Rückführungsleiter auf seine inneren Stimmen und sein Bauchgefühl hören muss. Zumal mir Gudrun im Nachgespräch noch mitteilte, dass sie jetzt verstünde, warum ihre Tochter - die damals auch ihre Tochter Christin war - im jetzigen Leben Bulimie habe. Bei Gudrun saß im Unterbewusstsein der Sparzwang, damit es nicht noch mal dazu kommen konnte, ihre Tochter töten zu müssen. Im Unterbewusstsein der Tochter fanden sich dadurch ausgelöste Essstörungen wieder. Hier ist auch wieder sehr schön ersichtlich, wie sich die Kreise oftmals schließen.

Toilettenbesuch

Martha verspürte während einer einzigen Sitzung vier Mal den Drang, das WC aufzusuchen. Aus ihrem Verhalten war erkennbar, dass sie sich deshalb sichtlich Unwohl fühlte. Sie wirkte erst dann erleichtert, als ich ihr sagte, dass es gut sei, da man sieht, **dass sie endlich loslassen könne.**

Obwohl ich jeden Klienten vor der Sitzung bitte nochmals die Toilette aufzusuchen kommt es vor, dass sich dies auch während der Sitzung nicht vermeiden lässt.

Du siehst, dass du dir im Vorfeld nicht mal darüber Gedanken machen musst. Wir können die Sitzung zu jeder Zeit für einige Momente unterbrechen, um dann gleich wieder damit fortzufahren. Du wirst dann schnell wieder im Thema sein und die Sitzung kann dann ganz einfach weiter fortgeführt werden.

Symbolbilder

Maria war Dorfarzt in einer kleinen Gemeinde. Nachdem sie einen ihrer Patienten falsch behandelt hatte, starb dieser. Sie konnte nur noch den Tod konstatieren und verließ anschließend das Haus. Im gleichen Augenblick fuhr der Leichenwagen vor. Damals eine Kutsche mit vorgespannten Pferden. Die Türe öffnete sich und es entstieg ihr der personifizierte Tod.

Kommen in einer Sitzung Dinge vor, die nicht ins Geschehen passen, notiere ich mir diese und kläre deren Bedeutung im Anschluss mit deinem Seelenbegleiter ab. Im gegenständlichen Fall sollte unsere Ärztin einfach „dem Tod ins Auge“ sehen, um in Hinkunft genauer vorzugehen und Fehler zu vermeiden.

Werner hatte stets unglückliche Beziehungen. In einem Vorleben befand er sich mit seiner großen Liebe auf einem Schiff. Kurz darauf schwamm er mit dieser Frau im Meer und ein Delphin, an den sich beide festhielten, zog sie unter Wasser in eine Kristallstadt. Sie waren vollkommen glücklich, zumal sie unter Wasser auch atmen konnten. Nach dem Durchleben eines zweiten Vorlebens führte ich Werner zurück zum Meer. Nun sah er, was wirklich geschehen war. Das Schiff sank und ihm war es nicht möglich seine Frau, die nicht schwimmen konnte, zu retten. Nachdem er einige Zeit im Wasser getrieben war und über sein Schicksal mit den Worten „ich werde niemals mehr eine andere Frau lieben können", haderte beendete er seinen Überlebenskampf und ließ sich in die Tiefen des Meeres hinab gleiten, wo er ebenfalls verstarb.

Besondere Bedeutung kommt demnach Delphinen zu. Diese Tiere symbolisieren meist den letzten Rettungsanker vor dem Ertrinken. Sie sind mit Abstand die einzigen Meeresbewohner, zu denen wir Menschen Zugang und Vertrauen haben. Und wer kann einen alleine im Meer Treibenden nun vor dem Ertrinken retten? Richtig, ein Delphin! Diese Bilder kommen aus der Phantasie des Klienten, da er sich der wahren Ursache nicht bewusst werden möchte.

Das „DU" in der Sitzung

Warum ist die Du-Form in einer Sitzung so wichtig?

Stell dir mal folgende Szene vor: du gehst auf der Straße und hörst mit, wie ein älterer Mann zu einem Kind sagt: „Ich hoffe, Sie haben sich nicht verlaufen! Soll ich Ihre Eltern verständigen damit sie Sie abholen?"

Was würdest du dir denken? „So spricht man doch nicht mit einem Kind!"

Meine Erklärung für das „DU" ist daher, dass es durchaus vorkommen kann, dass du während einer Sitzung in die Rolle eines Kindes schlüpfst. Meinst du nicht auch, dass es dann unangebracht wäre mit diesem Kind per „Sie" zu sprechen?

Vor allem in Hinblick darauf, dass du dich dann auch vollkommen mit diesem Kind identifizierst. Du erlebst dich als dieses Kind und empfindest und fühlst wie ein Kind!

Daher bitte ich auch wesentlich ältere Personen stets darum, dass wir, zumindest für die Dauer der Rückführung, zum „DU" übergehen.

Wie bereits erwähnt ist es in den esoterischen Kreisen überdies üblich sich zu duzen.

Ist das WANN und WO wichtig?

Meine Ausführung, dass es für mich bei Rückführungen vollkommen unerheblich ist, wann und wo etwas geschehen ist, ringt den Anwesenden bei meinen Vorträgen anfangs meist nur ein ungläubiges Kopfschütteln oder ein verständnisloses: „Aha!?!" ab.

Erst die Erklärung, warum das so ist, lässt die Leute dann zustimmend nicken.

Kommst du mit Kopfschmerzen in meine Praxis und wir gehen dieser Ursache auf den Grund, könnten wir vielleicht erfahren, dass du in einem früheren Leben erschlagen wurdest PUNKT. Das ist der Auslöser zu deinem Problem!

Warum muss ich dazu wissen, wann und wo es passiert ist? Ist es nicht tatsächlich unerheblich, ob etwas 1400 in Rom oder 1800 in Madrid geschehen ist?

Aber ich gestehe jedem Klienten zu, dass man, speziell im Zeitalter der Internetsuchmaschinen, gerne mal nachrecherchiert, ob sich da nicht etwas Handfestes findet. Ich werde dich daher natürlich nach Jahreszahlen und Ortsnamen fragen, aber dich damit in keinem Fall über Gebühr beanspruchen. Ein oftmaliges Nachfragen ist eher kontraproduktiv, zumal hier oft mit Hilfe des Verstandes agiert wird oder es löst bei so manchem ein Gefühl des Unbehagens aus.

Berühmte Persönlichkeiten

Menschen ohne Erfahrung mit Rückführungen bekommen oftmals das falsche Bild übermittelt. In einer Reinkarnationssitzung sieht man sich weder stets als Königin, König, Prinzessin oder Prinz, noch als, bekannte Persönlichkeit. Die Möglichkeit, ein bekannter Weltherrscher, Komponist, Dichter, Maler oder Schauspieler gewesen zu sein, steht im Verhältnis von circa eins zu fünfhundert Millionen! Hieraus ist schon ersichtlich, dass es schwer vorkommen kann, eine solche Person verkörpert zu haben.

Obwohl diese Bilder zu fast hundert Prozent aus dem Verstand kommen, da sich ein Klient vermutlich sehr intensiv mit der Thematik einer berühmten Person auseinander gesetzt und später auch identifiziert hat, werde ich ihm dies nicht absprechen und die Geschichte ausleben lassen. Möglich wäre ja auch, dass er damals Teil der Gefolgschaft einer Persönlichkeit war und sich daher die Authentizität holt.

In der Regel verlaufen Rückblicke aber eher in der mittleren und unteren Schicht - also im Bauern-, Knechte- und Mägdestand - ab.

Xenoglossie - Das Sprechen fremder Sprachen

Mitunter kommt es vor, dass jemand während einer Rückführung in einer fremden Sprache zu sprechen beginnt. Hier spricht man von der so genannten Xenoglossie, der Fähigkeit, fremde Sprachen in einem veränderten Bewusstseinzustand zu sprechen, ohne sie jemals gelernt zu haben.

Dies geschieht jedoch eher über Aufforderung durch den Rückführungsleiter: „Sag mir, wie das in deiner Sprache heißt!“, als dass dies spontan der Fall wäre.

Hier gestalte ich meine Mitschrift dann phonetisch, also in einer Art Lautschrift.

Manchmal fordere ich meine Klienten während der Sitzung bewusst auf, etwas zu übersetzen.

„Sag mir, was Liebe (ich habe Hunger/ich habe Durst) in deiner Sprache heißt.“ Danach schreiten wir im Sitzungsablauf voran und nach ein paar Minuten frage ich erneut nach: „Was sagtest du heißt, ich habe Hunger?“ An Hand meiner Mitschrift kann ich nun kontrollieren, ob sich die von dir gemachten Aussagen decken.

Die Dualität der Rückführung

Unter Dualität versteht man Dinge, die im Gegensatz zueinander stehen.

Vergleiche dazu Plus- und Minuspol, Tag und Nacht, Ebbe und Flut, Gut und Böse, Gesundheit und Krankheit und so fort.

Betrachten wir das Ganze nun an Hand einer Batterie. Schließen wir diese lediglich an den Minuspol, geschieht nichts. Erst, wenn der Kreis geschlossen wird, indem auch der Pluspol aktiviert wird, kann sich Spannung aufbauen und Energie fließen.

So ist es auch im Leben. Erst die Dualität selbst lehrt uns, die Dinge von beiden Seiten zu betrachten. Wie sonst wüsste ein Kranker, was Gesundheit ist, oder ein Gesunder, was Krankheit ist? Wie würde sich wohl ein guter Mensch fühlen, wenn er gar nicht wüsste, was Böse bedeutet?

So verhält es sich auch mit einem Problemthema. Lässt du deine Kopfschmerzen mit Hypnose behandeln, kannst du sie mildern oder sogar beseitigen. Aber sie werden sich später vermutlich als andere Symptome zeigen und in weiterer Folge vielleicht als Halsschmerzen, Herzprobleme oder andere Krankheiten auftreten und sich so auch manifestieren. Du erwirkst hier also lediglich eine Symptomverschiebung.

Die Dualität der Rückführung besteht daher darin, dass du die *Ursache* für ein Problem findest *und* so die *Wirkung* der vollständigen Auflösung erzielst. Du hast demnach ein „böses" Problem zum „Guten" gewendet, und das ohne lästigen Jo-Jo-Effekt!

Walk in

Während einer Rückführung mit einem meiner Klienten sah sich dieser als schwebender Energieball im Universum. Er beobachtete zu dieser Zeit gerade zwei Schwimmer auf dem Planeten Erde, die in Not geraten waren. Beide verloren den Kampf ums Überleben und versanken in den Fluten. Nun glitt der Energieball in die Tiefe hinab, schlüpfte in einen der beiden Körper und tauchte mit diesem wieder auf, wo er fortan normal unter den Menschen lebte. Auf meine Frage, was seine Aufgabe wäre, meinte er: „Ich wurde entsandt, um die Menschheit vor großem Unheil und Schaden zu bewahren."

Es gibt also offensichtlich auch unter uns Menschen außerirdische Lebensformen, die per Auftrag uns fremder Kulturen und Planeten zur Erde kommen, um uns bei unseren Unterfangen zu unterstützen und zu leiten.

Die Sitzungs-CD

Jede Sitzung wird von mir mit einem digitalen Diktiergerät aufgenommen. Viele Klienten möchten sich die Sitzung später nochmals anhören. Hier können sich im Laufe der Zeit auch noch weitere Aufklärungspunkte ergeben, oder sich das eine oder andere Puzzleteilchen zu einem späteren Zeitpunkt noch hinzufügen.

Hast du beim Lesen dieses Kapitels Angst empfunden?

☐ **Ja** ☐ **Nein**

Die Rückführung – Genauer Sitzungsablauf

Habe keine Angst davor, dass dein Leben eines Tages endet;
fürchte mehr, dass du versäumst, es richtig zu beginnen.
John Henry Newman

Ich werde dir in der Folge den genauen Ablauf einer Rückführung erklären.

Auf deinen Wunsch hin kann ich dich auch hypnotisch einleiten. Dies ist aber nicht unbedingt erforderlich, da sich dein Bewusstseinszustand mit Fortdauer der Sitzung ohnehin auch automatisch vertiefen wird.

Ablauf

Du kannst es dir nun auf meiner Liege bequem machen. Eine dir gereichte Decke vermittelt dir zusätzlich Wärme und Geborgenheit.

1. Das Body-Energie-Scanning

Bevor wir mit der Sitzung starten werde ich nun, wie bereits Eingangs erklärt, deinen Energiekörper nach möglichen Störfeldern erkunden und abtasten. Dies empfiehlt sich im Speziellen, wenn der Verdacht auf Fremdenergien gegeben ist.

Ich taste also einfach - ohne dich tatsächlich zu berühren - deine Aura in einem Abstand von wenigen Zentimetern über deinem Körper ab.

Wenn ich etwas erspüren kann, klären wir ab, ob es sich hier um bewusste (z. B. Operationen, Schmerzherde etc.) oder unbewusste (Schmerzen, die erst seit kurzem bestehen oder ärztlich nicht befundet sind) Störfelder handelt.

Ich werde diese notieren, um dann gezielt daran zu arbeiten und genau an dieser Stelle nach Fremdenergien zu fragen. Lassen sich an solchen Problemstellen erdgebundene Seelen auffinden, sind Spontanheilungen keine Seltenheit. Da du die Entfernung derselben meist sehr bewusst erlebst.

2. Die Atmung

Danach bitte ich dich deine Augen zu schließen und geschlossen zu halten. Ich lasse dich dann einige Male ganz tief ein und wieder ausatmen und nütze diese Zeit, um den energetischen Schutzbereich (Punkt 3) zu errichten.

3. Der Schutzaufbau

Eine geschützte Atmosphäre ist bei Rückführungs- und Clearingsitzungen besonders wichtig. Schließlich arbeiten ja auch Chirurgen mit sterilen Instrumenten, um einer Infektionsgefahr vorzubeugen!

Der energetische Schutzaufbau wird also auch hier gewährleisten, dass wir uns in einem geschützten Rahmen befinden und Einflüsse von außen fernhalten.

4. Das Bewusstsein

An dieser Stelle lassen wir (kurz) dein Bewusstsein absinken.

Dabei ist es wichtig, dass ich dir ein Bild gebe, damit du dir dieses Absinken leichter vorstellen und visualisieren kannst - vielleicht ein Steinchen, das in einen Teich geworfen wird, oder eine Feder, die von einem Vogel im Flug verloren wird.

Die Benennung des Problems ist an dieser Stelle ebenso von Wichtigkeit, da es den Bezug zu den Vorleben herstellt.

Sollte jedoch ein Thema gewählt worden sein, dass derzeit gar nicht so vordergründig ist, wird es von der

Geistigen Welt berichtigt und es werden dafür andere, wichtigere Dinge aufgezeigt, um sie bewusst zu machen.

5. Die Wiese

Von einer Wiese starten wir nun in deine früheren Leben.

Hier werde ich dir erstmal ein wenig Zeit geben, um dich zu akklimatisieren. Dann lasse ich mir deine Eindrücke schildern. Ich achte dabei auch auf Dinge, die normal nicht gleich mit einer Wiese verbunden werden. Wie z.B. Häuser, Menschen, größere Tiere wie Elefanten oder Bären, aber auch Pferde. So etwas kann bereits Teil eines früheren Lebens sein und wir müssen bereits hier genauer darauf eingehen.

Ich verschaffe mir auch vor meinem inneren Auge einen Überblick über die Situation, um dich entsprechend weiterleiten zu können.

Carola hatte einen schlimmen Hautausschlag, der selbst durch cortisonhaltige Salben und Medikamente, die ihr von Ärzten verschrieben wurden, keine Besserung erfuhr.

Das Bad in der Heilquelle nützte sie dazu um sich intensivst und ganzkörperlich zu reinigen.

Zwei Tage später rief sie an und meinte freudestrahlend, dass es fast an ein Wunder grenze, da der lästige Ausschlag nun vollkommen verschwunden sei.

Bei Hautkrankheiten, oder wenn ich es sonst für richtig halte, kann ich an dieser Stelle eine Heilquelle entstehen lassen, in der du badest und dich äußerlich, durchs Abwaschen und innerlich, durch das Trinken des Wassers, vollkommen reinigen kannst.

6. Die Wege

Von der Wiese führen uns nun Wege in die verschiedenen Leben zurück, die dir von der Geistigen Welt als ursächlich für dein Problemthema gezeigt werden sollen.

Keine Angst, es kommt so gut wie nie vor, dass dir bereits an dieser Stelle traumatische Dinge gezeigt werden.

Ich gebe dir in jedem Fall genug Zeit, um dich an die Umgebung zu gewöhnen und dich (wieder) einzuleben!

Meist führen die Wege in Städte oder Dörfer, die unbewohnt scheinen.

Du siehst dir in dem Fall vielleicht ein - für dich stimmiges - Haus an und beschreibst mir, wie es innen aussieht.

7. Wichtige Ereignisse

Nun beginnen wir das Leben zu durchwandern.

Ich werde dich dabei langsam von einer wichtigen Szene zur nächsten führen.

Was war wichtig in früheren Leben?

Hm, vielleicht die erste Liebe, eine Hochzeit, die Geburt von Kindern, der Tod der Eltern…

So tasten wir uns mehr und mehr an die Ursache deines Problemthemas heran und du wirst Step by Step alle wichtigen Stationen des Lebens durchlaufen. So lange, bis wir dann zum Kernpunkt, nämlich der Ursache deines Problemthemas stoßen.

Auch wenn eine etwas heiklere Situation kommen sollte, werde ich immer alles fest im Griff haben und dich entsprechend schützen.

Dies funktioniert einerseits dadurch, dass ich dich diese Szenen als unbeteiligter Beobachter ansehen lassen kann und andererseits, dass ich dich jederzeit zurück zur Wiese bringen und dich mit deinem Seelenbegleiter - welcher dir zusätzlich Ruhe und Hilfe anbietet - verbinden kann.

Wichtig ist an dieser Stelle deine Gefühle, Gedanken und Glaubenssätze in den einzelnen Szenen zu ergründen.

8. Der Tod

Waltraud befand sich in einem Leben, das herrlich schön und erfüllt von Liebe verlaufen ist. Eines Tages ging sie, ausgesprochen gut gelaunt und fröhlich, auf einer Landstraße in Richtung Nachbardorf, als ein Pferdewagen an ihrer Seite hielt von dessen Kutschbock drei Männer sprangen. Die Männer pöbelten sie an und zerrten sie schließlich in den nahe gelegenen Wald, wo sie sie vergewaltigten und anschließend ihrem Leben ein Ende setzten.

Das Problemthema von Waltraud war eine sexuelle Blockade, welche die Partnerschaft zu zerbrechen drohte.

Durch die im Moment des Todes ausgesprochenen Glaubenssätze „Ich will nie mehr von einem Mann berührt werden. Ich hasse alle Männer!“ erfolgten negative Programmierungen, welche im jetzigen Leben zum Auslöser des Problems wurden.

Im ersten gesehenen Leben lasse ich dich deinen eigenen Tod ansehen und durchleben, da es hier noch eine dramatische Wende geben kann und noch viele Erkenntnisse, die auf das Problemthema schließen, gewonnen werden können.

Aber auch hier brauchst du keine Angst zu haben, da ich dich jederzeit entsprechend leiten werde.

Das wichtigste an den Todeserlebnissen sind, wie bereits

erwähnt, eventuelle Glaubenssätze, Schwüre, Gelübde oder Flüche, die man in einer bestimmten Situation ausgesprochen hat und die sich dadurch im Unterbewusstsein manifestiert haben.

Diese benötigen wir, um eine umfangreiche Auflösungsarbeit zu gewährleisten.

9. Die Rückschau

Obwohl ich immer eifrig mitschreibe und alles Wichtige notiere, werden wir im Anschluss noch einmal auf das eben erlebte Leben zurückblicken.

Hier stellt sich die Frage, was du - abgesehen von meiner Mitschrift - als positiv und was als negativ empfunden hast. Dadurch kann auch ich noch zusätzliche Eindrücke gewinnen.

Im Zuge der Rückschau kann sich überdies ein so genanntes Reframing - also eine Umprogrammierung - anbieten. Mit dieser Art von Zusatztherapie gehe ich allerdings eher vorsichtig um, da sie sich nicht immer eignet, um Problemthemen zu lösen.

Kerstin hatte das Problem, Speisen, welche ihr in einem Lokal gereicht wurden, nicht essen zu können. In der Rückführung sah sie sich als adeliger Herrschersohn. Der Vater, ein ungeliebter Tyrann, schenkte ihm einen Giftring und meinte: „Sollte es jemals dazu kommen, dass du gefangen genommen und getötet werden solltest, dann schütte das Gift in dein Essen."

Tatsächlich kam es zum Volksaufstand. Die Familie des jungen Mannes war bereits getötet und er selbst saß im Verlies, von dem aus er die tobende Menge vernahm: „Tötet ihn! Hängt ihn auf!" Nachdem ihm die Henkersmahlzeit gebracht wurde, tat er wie ihm geheißen. Er starb an den Folgen des Giftes. Nun gab ich den Auftrag, nochmals in die Szene zurückzukehren, als das Essen gebracht wurde. „Nimm und iss es, aber schütte das Gift nicht hinein. Wie schmeckt es dir?"

„Sehr gut!", antwortete mir der junge Adelige (Kerstin).

„Gut, dann iss es auf! Was passiert?"

„Gar nichts!"

Nun gab ich zu verstehen, dass es also rein die eigene Entscheidung war, ob er an dieser Speise stirbt oder nicht. Ich habe die Szene auf diese Art deprogrammiert und das energetische Muster, welches im jetzigen Leben keinerlei Bedeutung haben muss, auf diese Art gelöscht.

Reframing heißt also nichts anderes, als das Geschehene in einen anderen, neuen Rahmen zu setzen. Wir verändern hier einen Teil der Handlung, um zu veranschaulichen, dass es nicht so enden hätte müssen.

Obwohl bei manchen Reinkarnationstherapeuten verpönt, erachte ich es dann als sinnvoll, wenn, wie im angeführten Beispiel, allein deine Entscheidung zum Auslöser eines Problems im heutigen Leben geführt hat.

Ist es angebracht, kann man auf diese Art Informationen, die vom Unterbewusstsein falsch interpretiert an den Verstand weitergeleitet werden, schon alleine dadurch einer Lösung zuführen und ein Problem, das im Jetzt nichts zu suchen hat, auflösen.

Mit Reframing sollte allerdings sehr sparsam umgegangen werden. Es kann und darf nicht jede Tat, Handlung oder Emotion verändert werden. Hat ein Klient einen in einem früheren Leben begangenen Mord - für den er sich heute noch schuldig fühlt - zu verantworten, ist es nicht angebracht, ihn die Situation nochmals erleben zu lassen, um die Tötung nun unter den Tisch zu kehren: „Geh nun zurück. Du nimmst das Messer nicht und stichst daher auch nicht solange auf deinen Kontrahenten ein, bis er blutüberströmt stirbt."

Ein derartiges Vorgehen würde absolut unpassend sein.

Wir haben in diesem Fall allerdings die Möglichkeit, den Seelenbegleiter zeigen zu lassen, wie du dieses Leben besser oder richtiger gelebt hättest.

10. Der Seelenbegleiter

Der Seelenbegleiter ist, wie ich bereits erwähnt habe, der Schutzengel des Klienten. Ein Lichtwesen, das dir für dein Experiment „Leben" zur Seite gestellt wurde, um deine Lernaufgaben möglichst zu erfüllen und dir aus Situationen, in die du dich unvorhergesehen manövriert hast, heraus- oder weiterzuhelfen. Dein Begleiter ist mit allen bisher gelebten Leben bestens vertraut, daher wird er auch auf alle Fragen - so es von der Geistigen Welt erlaubt ist - Antworten wissen, Auswege aufzeigen oder zumindest entsprechende Tipps geben können.

Deinen Seelenbegleiter werden wir auf der Wiese treffen, von der wir Anfangs gestartet sind und zu der wir, nach dem ersten erlebten Leben, nun wieder zurückkehren.

Wichtig ist, dass du dich in seiner Gegenwart wohl fühlst.

Er wird sich dir als Frau, Mann oder Engel, jedenfalls in einer für dich stimmigen Gestalt zeigen.

Dein Seelenbegleiter wird dir auch das goldene Tor zeigen, das dir den Weg ins Licht öffnet, dich auf deinem Weg ins Licht begleiten und dich an den Ort führen, wo bereits das Feuer mit der violetten Flamme brennt. Dort wirst du deinen Seelenheiler treffen und Antworten auf deine Fragen erhalten.

Da dein Seelenbegleiter und auch dein Seelenheiler alles über dich wissen, können wir ihnen alle Fragen, die du auf dem Herzen hast stellen, so fern die Geistige Welt eine Beantwortung dieser zulässt.

Zum Beispiel:

Wie viele Leben habe ich bereits gelebt?
Wie viele Leben muss/darf ich noch leben? u.v.a.

Dein Seelenbegleiter ist es, der entscheidet, ob du zum Problemthema ein oder mehrere Leben ansehen musst.

Sollte es mehrerer Leben bedürfen, dann werden wir diese nun ansehen und sie nach und nach aufarbeiten.

Benötigst du lediglich ein früheres Leben, um ein Problem aufzulösen, dann können wir dich bereits jetzt von deinen Fremdenergien befreien.

Clearing

Cornelia kam zu mir, da es für ihre ständigen Erstickungsanfälle keine ärztliche Erklärung gab.

Im Zuge der Rückführung befand sie sich - als Sepp - in einer Berghütte auf dem niederösterreichischen Schneeberg, wo er sich mit zwei Freunden zu einer Bergtour traf. Sepp äußerte seine Bedenken, ob der herrschenden Wetterlage, da er der Meinung war, es werde bald einen Schneesturm geben und daher viel zu gefährlich für eine Wanderung sein. Als Bergexperte wusste er, dass gerade in dieser Gegend das Wetter von einer auf die andere Minute umschlagen kann. Trotz der Warnungen setzte sich die Gruppe in Gang und bestieg den Berg in Richtung nächster Hütte. Der Weg war beschwerlich, da er bereits vollkommen verschneit war. Auch während des Aufstiegs mahnte Sepp immer wieder zur Umkehr, doch vergebens. Nach einer Stunde kam es tatsächlich zum angekündigten Wetterumschwung und die drei gerieten in ein heftiges Schneegestöber. Die Sicht war extrem schlecht geworden und so verloren sie vollends die Orientierung und irrten bald ziellos umher. Plötzlich begannen die Schneemassen unter ihren Füßen abzurutschen und ein riesiges Schneebrett riss sie mit in die Tiefe, wo sie unter der Schneedecke hilflos erstickten.

Nun hatten wir also die Erklärung für Cornelias Erstickungsanfälle gefunden!

Beim anschließenden Clearing meldete sich...SEPP!!!

Also war es gar nicht Cornelias Vorleben, dass wir uns da angesehen hatten und noch besser,

ES WAR GAR NICHT CORNELIAS PROBLEM!!!

Es war lediglich Sepp, der sein Problem - als Besetzer von Cornelia - an, mit und in ihr ausgelebt hatte.

Nachdem wir meine Klientin von dieser Fremdenergie befreit hatten war es also kein Wunder, dass sich auch Cornelias Problem bereits unmittelbar nach dieser Sitzung „lichtvoll“ aufgelöst hatte.

Bevor wir also zur eigentlichen Auflösungsarbeit kommen, befreie ich dich, mit Hilfe der Geistigen Welt, von deinen Fremdenergien, eventuellen Implantaten und fremden Seelenanteilen.

Dies geschieht über die bereits erwähnten ideomotorischen (automatischen) Fingerzeichen, die für mich eine der sichersten Methode darstellt, um deinem Unterbewusstsein direkt Fragen zu stellen und klare, wahre Antworten zu erhalten.

Egal, ob du eine einzige oder zweihundert dieser fremden Energien in oder an dir hast, die Reinigung davon erfolgt in jedem Fall in einer einzigen Sitzung!

Jenseitskontakt

Im Zuge einer Rückführung ist es auf deinen Wunsch hin auch ganz leicht möglich einen Kontakt zu einer bereits verstorbenen Seele herzustellen. Ich werde dir im Zuge der Sitzung sagen, wann du deinen Seelenbegleiter bittest die Person, mit der du dich austauschen möchtest zu euch zu rufen.

Du kannst dich dann mit ihr verbinden, dich unterhalten und auch Fragen stellen.

11. Die violette Flamme

Die violette Flamme ist das stärkste energetische Feuer des gesamten Universums. Die Flamme, die im Stande ist alles - egal aus welchem Material geformt - zu verbrennen, zu wandeln und zu transformieren. Sie wird vom Seelenbegleiter entzündet.

Nun kannst du, mit Hilfe deines zwischenzeitlich ebenfalls herbeigerufenen Seelenheilers, deinen gesamten „Seelenmüll" abladen, ins Feuer werfen und beim Verbrennen desselben zusehen.

Überdies können hier auch Glaubenssätze verbrannt werden.

Danach bitten wir deinen Seelenheiler, dass er in deinem Unterbewusstsein die entsprechenden Berichtigungen vornimmt.

Du wirst an dieser Stelle bemerken, wie gut sich diese Art der Energiearbeit anfühlt und schon bald befreit durchatmen.

12. Das Verzeihen

Besondere Bedeutung bei der Auflösungsarbeit gilt dem Verzeihen. Es ist dabei wichtig dir und anderen all das zu verzeihen, was vorgefallen ist. In früheren Sitzungen habe ich immer wieder bemerkt, wie schwer sich die Klienten, gerade dann damit taten, wenn es sich um Wut, Hass oder Aggression zu anderen Personen handelte. Daher lasse ich nun diese Gefühle auf die Seelenebene transportieren. Dort transformieren sie sich sofort zu Liebe und Harmonie. Negative Gefühle können danach ganz leicht abgegeben und verziehen werden.

13. Karmaauflösung

Michaela nahm sich, in einer früheren Inkarnation, das Leben, da sie von ihrem damaligen Vater immer wieder vergewaltigt wurde und aus einer dieser Vergewaltigungen eine Schwangerschaft resultierte. Mit den Worten: „Ehe ich dieses Kind bekomme, sterbe ich lieber!", setzte sie ihrem - und damit auch dem Leben ihres Kindes - ein Ende. Für mich war es daher nicht überraschend, dass sie im jetzigen Leben massive Probleme mit ihrer Tochter hatte, da diese die Reinkarnation des Ungeborenen war.

Eine Karmaauflösung kommt dann zu Tragen, wenn der Klient im jetzigen Leben stete oder immer wiederkehrende Probleme mit bestimmten Personen seines Umfelds hat.

Partner, die weder mit noch ohne einander „können". Aber auch problembehaftete Beziehungen zwischen Eltern und Kindern, wie auch mit Arbeitskollegen sind typische Anzeichen für karmische Verbindungen. In einem solchen Fall werden wir dieses Muster zur Auflösung bringen und ein Verzeihen erwirken.

14. Energieausgleich und Harmonisierung von Körper, Geist und Seele

An dieser Stelle ist es mir wichtig, dass du siehst, spürst und verstehst, dass du nicht nur der Mensch bist, den du gerade verkörperst, sondern die Seele, die sich eines Körpers bedient, genauso, wie wir uns eines Fahrzeugs bedienen.

Das heißt, du siehst dir hier alle Personen nochmals intensiv an, die du in den eben gesehenen Leben „gespielt“ hast. Es ist für dich wichtig zu erkennen, dass wir als Menschen die Aufgabe haben auch mal unangenehme Dinge zu erleben, um auf Seelenebene an Stärke, Kraft und Wissen zu gewinnen, um Vollkommen zu werden und dadurch in immer schönerem Glanz zu erstrahlen.

15. Energieaufnahme und Ausstieg

Nun bitten wir deinen Seelenheiler noch, deine Chakren, also deine Energiezentren, zu reinigen und auszugleichen, deine Aura, deinen Energiekörper, zu reinigen und zu stabilisieren und dich anschließend in seine Energien einzuhüllen und jeden Teil deines Körpers, jedes Organ und jede einzelne Zelle mit dieser Energie auf- und auszufüllen.

Wie bei der De-Energetisierung gilt auch hier, je intensiver du arbeitest, je mehr Zeit du dir für die Harmonisierung nimmst, desto wahrscheinlicher wirst du das Problemthema auflösen.

Im Anschluss hast du noch Gelegenheit Fragen an deinen Begleiter, deinen Heiler oder an die Geistige Welt zu stellen.

Auch bittest du noch darum, dass dir ein Leitsatz und ein symbolisches Zeichen mit auf den Weg gegeben wird, bevor du dich dann bei allen bedankst, dich verabschiedest und langsam wieder ins Hier und Jetzt zurückkehrst.

Wie fühlst du dich danach?

Du wirst sehen, dass du nach einer Rückführung zwar etwas matt bist - klar, hast du doch ca. 2 Stunden mehr oder weniger ruhig dagelegen. Du bist aber auch voll energetisiert und hoch motiviert, hast mitunter ein vollkommen neues Lebensgefühl, ja sogar eine vollkommen andere Einstellung zu dir vertrauten Personen und zum Leben selbst.

Das Nachgespräch

Im Anschluss an die Rückführung werden wir uns noch zusammensetzen und das Erlebte Revue passieren lassen. Das Nachgespräch dient dir in erster Linie um dich zu sammeln, über deine Erlebnisse und Eindrücke zu sprechen und dir deine Emotionen nochmals von der Seele zu reden.

Hast du beim Lesen dieses Kapitels Angst empfunden?

☐ **Ja** ☐ **Nein**

Interessante Fälle
aus der Praxis, kurz erzählt

> Erst wer im Dunkel noch Licht wahrnimmt,
> ist wahrlich erleuchtet!
> Walter A. Posch

Helmut

hatte, als er in einem früheren Leben im niederösterreichischen Ybbs lebte, eine kleine, süße Begleiterin. Eine Katze. Diese folgte ihm auf Schritt und Tritt, wo immer er auch hinging. Nachdem seine Erlebnisse während der Rückführung sehr intensiv waren, beschloss er dieser Stadt - im jetzigen Leben - einen Besuch abzustatten, um sich dort umzusehen und die Eindrücke seiner Sitzung nachzuprüfen. Als er am Platz vor der Pfarrkirche angekommen war und sich umgesehen hatte, sah er, mitten am Pfarrplatz, eine Katze. Sie war tot! Helmut schauderte, stieg in seinen Wagen und fuhr schleunigst wieder davon. Später kontaktierte er mich und meinte: „Als ich in Ybbs ankam, fand ich alles genau so vor, wie ich es in der Rückführung erlebt und gesehen hatte. Die tote Katze allerdings war wie eine Schranke, die mir sagte, stopp, forsche nicht weiter, du hast genug gesehen."

Karl

ist HIV-positiv. Die Krankheit selbst - Aids - war zu diesem Zeitpunkt noch nicht ausgebrochen. Er bat mich, mit ihm in einer Sitzung die Gründe für seine Krankheit zu hinterfragen. Als sich Karl im entsprechenden Leben wiederfand, hieß er Agu. Er stand in einem kleinen Hafen und wartete auf ein Schiff, das bereits in der Ferne ausnehmbar war und mit dem er seinen Bruder erwartete. Nachdem es in den Hafen eingelaufen war, bemerkte Agu, dass sich an Bord nur Kranke und Sterbende befanden. Es war eine Seuche ausgebrochen. Was er nicht wusste, sein Bruder war schon vor Wochen daran gestorben. Aus Angst vor der Ansteckungsgefahr trieb er nun das Boot wieder hinaus aufs Meer und warf eine brennende Fackel an Deck, worauf das Schiff in Flammen aufging. Nun sah er zu, wie mitsamt dem Boot alle noch lebenden Menschen verbrannten. Karl erfuhr im Anschluss von seinem Seelenheiler, dass nun er erleben sollte, wie es sich anfühlt, wenn man eine ansteckende Krankheit hat und dadurch von der Menschheit gemieden wird.

Das HIV-Virus ist bis heute unter Kontrolle!

Peter

kam zu mir, da er die Zusammenhänge zwischen einer Frau, die er vor kurzem kennen gelernt hatte und dem Gefühl, dass er sie schon ewig kenne, erfahren wollte.

Jim (Peter) befand sich 1903 in Chicago und arbeitete als Journalist bei der ortsansäßigen Tribune. Als er sich in der Nähe der Redaktion nach einem Haus umsah, fiel ihm eine wunderschöne Frau auf, die ihn anlächelte. Kurz darauf betrat ihr Mann den Vorgarten, beschimpfte und schlug sie. Jim ging dazwischen und flüchtete schließlich mit Betty in das nahe gelegene Lokal Chookies, wo sie sich ihm anvertraute und ihm ihre Lebensgeschichte erzählte. Anschließend gab sie ihm noch ihre Telefonnummer, welche mir Jim wie folgt weitersagte: „85 1 9 6 240„. Betty ging danach wieder nachhause zurück. Tags darauf schrieb Jim den Artikel: „Die ungerechte Behandlung der Frauen“. Jim hatte nur noch einmal Kontakt zu Betty, als sie ihm telefonisch mitteilte, dass sie den Artikel gelesen habe.

Als ich Jim 10 Minuten später fragte, ob er die Telefonnummer noch habe, kramte er in seiner Tasche und las sie mir nochmals vor „851 962 40“

Das heißt, er hatte mir dieselbe Telefonnummer nun mit einer anderen Ziffernfolge mitgeteilt! Die Frage im Nachgespräch, ob ihm die Telefonnummer im jetzigen Leben bekannt vorkomme, verneinte er.

Interessant ist hier, dass man Telefonnummern immer auf eine bestimmte Art einlernt. Gebe ich meine Nummer weiter, so sage ich: „0664 308 87 84“. Wird diese wiederholt, jedoch die Ziffernfolge verdreht, z.B. 0664 30 88 784, ist mir diese so nicht geläufig und ich muss überlegen, ob es sich tatsächlich um die meine handelt!

Es ist daher ersichtlich, dass Jim die Nummer tatsächlich notiert und dann abgelesen hat.

Tom

war noch ein kleiner Junge, der gerade von seiner Großmutter in einer Hütte am Rande des Waldes betreut wurde, als die Türe gewaltsam aufgestoßen wurde und sie von Indianern überfallen wurden. Er sah, wie seine Oma überwältigt wurde und die Indianer ihr die Hände abhackten, in einen Topf warfen, diese kochten und aßen. Interessant ist, dass mein Klient keinen Bezug zu Indianern hat, man jedoch nachlesen kann, dass es Indianerstämme gab, die ein derartiges Ritual vollzogen. Sie meinten: „Esse ich deine Hände, kann ich das, was du kannst!“

Frank,

ein deutscher Arzt, kam zu mir, da ihn ständig Selbstzweifel quälten. Obgleich er bis dato tausende Injektionen verabreicht und hunderte Liter Blut abgezapft hatte, stiegen immer wieder Angst- und Unsicherheitsgefühle in ihm hoch. Gerade bei ihm, war er doch einer der besten seines Studienlehrgangs! Während der Rückführung sah er sich unter anderem als Anführer einer Gruppe Steinzeitmenschen. Er fühlte sich so gut wie niemals zuvor. Stark, mutig und angstfrei führte er seine Gefolgschaft durch sämtliche Gefahrensituationen. Eine Nachfrage bei Franks Seelenbegleiter, warum ihm dieses Leben gezeigt wurde, ergab, dass er im jetzigen Leben ebenso angstfrei und mutig agieren könne, wenn er es nur zulassen würde. Ich ließ ihn dieses Gefühl der Stärke intensivst auf- und ins Hier und Jetzt mitnehmen. Bereits im Nachgespräch erkannte ich, dass sich Frank vollkommen verändert hatte. Er strotzte nur so vor Selbstsicherheit, Energie und Tatendrang. Ja, er freute sich sogar schon auf die kommenden Tage, auf seine Patienten, die Arbeit im Spital und im OP. Das war schon lange nicht mehr der Fall gewesen, hatte er sich doch gerade noch einige Wochen Urlaub genommen, um mal eine Auszeit zu haben und darüber nachzudenken, ob er diesen Beruf überhaupt weiter ausüben wolle. Auch seine Ehe hatte bereits begonnen unter seinen ständigen Selbstzweifeln zu leiden. Einige Monate nach dieser Sitzung traf ich Frank auf einer Esoterik-Messe wieder. Er meinte, er fühle sich wie neu geboren, total positiv und voll motiviert. Auch in seinem Beruf ist er nun wieder mit Feuereifer bei der Sache. Auch Franks Frau fiel mir beinahe um den Hals, bedankte sich bei mir und betonte, wie gut es Frank seither gehe und wie sehr er sich, im Positiven, verändert habe.

Christine

hat Diabetes und ist seit zehn Jahren an Insulin gebunden. Während der Rückschau in eines ihrer früheren

Leben sah sie sich als jungen Mann, eher als Wegelagerer und Vagabund. Er hatte keine Arbeit und nichts zu essen. Eines Tages stahl er einer Familie mit vielen Kindern die Essensvorräte. Einige Zeit nach der Tat wurde der Mann dieses Diebstahls überführt. Es wurden ihm, zur Strafe, beide Hände abgehackt und man überließ ihn seines Schicksals. Kurz darauf verstarb er an den Folgen des großen Blutverlustes.

Nachdem Christine bei ihrem Seelenbegleiter nachgefragt hatte, warum ihr dieses Leben in Verbindung mit ihrer Krankheit gezeigt wurde, antwortete ihr Schutzengel:

„Du sollst im jetzigen Leben erfahren, wie es sich anfühlt, wenn alle Speisen vorhanden sind, man sie aber nicht essen kann!“

Christine schrieb mir in einer E-Mail, dass sich ihr Zustand bereits kurz nach der Sitzung erheblich gebessert hatte. Sie kann sogar ab und an mal ein Stück Kuchen essen, ohne sich mehr Insulin zu verabreichen.

Sie war überdies fest davon überzeugt, dass sie die Krankheit bald vollends im Griff haben würde!

Heike

hatte sich durch jahrelange Ausbildung auf dem esoterischen Sektor die besten Voraussetzungen geschaffen, um erfolgreich zu sein. Leider blieben die Klienten und damit auch der Erfolg aus.

Nach der Sitzung wusste sie warum. Ihr wurden zwei Leben gezeigt. Im ersten sah sie sich als hochrangiger Geistlicher, der Frauen durch Folterungen ihre Heilgeheimnisse entlocken wollte. Im zweiten war sie eine Hebamme, die mit Kräutern Schmerzen behandeln konnte.

Durch sie wurden viele gesunde Babies geboren und die Mütter waren überglücklich. Eines Tages jedoch verstarben Zwillinge, da sie diese falsch behandelte. Sie wurde aus dem Dorf gejagt und aufgehängt. Im Moment des Todes sagte sie: „Ich kann nie mehr sicher sein, das Richtige zu tun!“ Dieser Glaubensatz hatte sich bei ihr offensichtlich so eingeprägt, dass sie ihre Verunsicherung und die damit verbundenen (negativen) Energien auch auf die Klienten übertragen hatte.

Paula

rief mich gleich nach ihrem Sommerurlaub freudestrahlend an. Sie hatte es tatsächlich geschafft völlig angstfrei im Meer zu schwimmen. Doch das war nicht immer so und gar nicht selbstverständlich, denn Paula hatte noch ein paar Wochen davor heftige Angst vor Gewässern. Bei ihrer Sitzung erlebte sie, wie sie von ihrer eifersüchtigen Stiefmutter über die Reling eines Schiffes direkt in die Fluten des eiskalten Meeres geworfen wurde. Da sie nicht schwimmen konnte, versank sie bereits nach kurzer Zeit in den Wellen und ertrank hilflos.

Margarete

hat eine seltene Blutkrankheit. Im Verlauf dieser Krankheit kommt es dazu, dass sich die Thrombozyten, die Blutplättchen, über den Normalwert hinaus vermehren und sich das Blutbild daher ständig verschlechtert. Die Folge sind Blutungskomplikationen, eine Beeinträchtigung der Lebensweise und eine stark herabgesetzte Lebenserwartung. Einige Wochen nach unserer Sitzung erreichte mich eine E-Mail, in der sich Margarete nochmals für die Sitzung bedankte. Sie schrieb: „Nun muss ich dir meine Freude mitteilen: mein Blutbefund, der bisher bei jeder Kontrolle schlechter war, ist das aller erste Mal um einiges besser geworden!!!! Mein behandelnder Arzt war verwundert und fragte, ob ich noch zusätzliche Medikamente einnehmen würde. Und das nach so kurzer Zeit! Auch so fühle ich mich viel besser und freier!"

Nachdem ich sie gebeten hatte, mir die Blutwerte zu senden, bekam ich folgendes:

Referenzbereich 150 000 - 360 000

08.06. 536000 Knochenmarkbiopsie-Diagnose

27.06. 595000

21.12. 617000

28.03. 698000
(Folgejahr)

18.07. 734000
22.12. 799000
12.06. 670000 !!!!!
(Folgejahr)

Die Blutwerte hatten sich also tatsächlich wesentlich gebessert und zwar auf einen Wert, der das letzte Mal circa eineinhalb Jahre zuvor erreicht wurde!

Dazu schrieb sie überdies:

„Auch andere erhöhte Werte normalisierten sich einigermaßen. Zwar noch nicht ganz, aber immerhin. Wie schon berichtet, fühle ich mich freier und glücklicher, was auch meiner jüngeren Tochter nicht verborgen blieb, denn sie meinte ich hätte mich verändert und sie wundere sich über manche Meinungen und Handlungen von mir („Du bist seit ein paar Wochen anders, so kenne ich dich nicht!"). Auch von Kollegen bekomme ich ähnliche Meldungen!"

Im Dezember las ich das letzte Mal von Margarete. In Verbindung mit Weihnachts- und Neujahrswünschen schrieb sie folgendes: „Nur zur Info, mein Blut ist zwar nicht besser geworden, seit Juni, aber es ist auch nicht schlechter geworden und das finde ich sehr positiv! Ganz liebe Grüße Margarete."

Karin

absolvierte eines meiner Seminare. Obwohl mir bekannt war, dass sie mit Herzrhythmusstörungen zu kämpfen hatte, wollte ich ihr eine Teilnahme nicht verwehren. Im Zuge der Rückführungen sah sie sich in einem Dorf, in dem eine furchtbare, todbringende Seuche wütete. Bereits verstorbene Mitbürger wurden in großflächig ausgehobene Gruben geworfen. Karin hatte zu dieser Zeit gesundheitliche Probleme, war jedoch nicht an dieser Seuche erkrankt. Auf Grund ihres gesundheitlichen Zustands kam es dazu, dass sie in einen todesähnlichen Zustand verfiel, in dem sie sich weder bewegen noch artikulieren konnte. Sie war mehr oder minder Scheintod. Man brachte sie schließlich zum Massengrab, wo sie noch wahrnehmen konnte, wie sie über ein breites Holzbrett, das offensichtlich als Rutsche diente, in die Grube glitt. Anschließend musste sie miterleben, wie man begann, das Grab zuzuschaufeln. Karin wurde also lebendig begraben! Wenige Wochen darauf rief sie mich an, bedankte sich bei mir und teilte mir mit, dass durch das Erkennen und die energetische Auflösungsarbeit ihre Herzbeschwerden verschwunden waren.

Margit

war erst 29 Jahre als sie mich aufsuchte, da sie ständige Kopfschmerzen quälten. Überdies konstatierten die

Ärzte bereits in ihrem 16. Lebensjahr einen Gehörschaden und „prophezeiten“, dass sie bald völlig taub sein würde. Als sie mich konsultierte war sie am rechten Ohr tatsächlich bereits völlig taub, am linken hatte sie nur noch die halbe Hörleistung.

Bei unserer Sitzung fand sie sich als junger Mann in einem Wald. Dem gegenüber befand sich eine Stadtmauer. Die dahinter liegende Stadt stand lichterloh in Flammen. Sie konnte die Schreie der eingeschlossenen Menschen, der Frauen, Kinder und Männer hören. Trotz ihrer Bemühungen fand sich kein Weg um zu helfen. (*Margit weinte, ihre Atmung ging heftig)* Schließlich hob er seine Hände, legte sie auf seine Ohren und rief: „Ich kann das alles nicht mehr hören!“ Ohnmacht überfiel ihn. Er starb noch in derselben Nacht an seiner Erschöpfung und den Erfrierungen. Nach einigen Wochen erhielt ich eine Mail von Margit. Sie schrieb, dass sie seit unserer Sitzung keine Kopfschmerzen mehr verspüre und sich ihr Gehör soweit wieder hergestellt hatte, dass sie mit dem rechten Ohr sogar wieder Telefonteilnehmer hören und verstehen konnte.

An diesem Fallbeispiel ist einmal mehr erkennbar, dass auch mehrere Problemthemen, so fern sie zusammenfallen, aufgelöst werden können.

Gerlinde

war in einem meiner Vorträge, in denen ich den Fall von Margit immer wieder gerne erzähle. Die Geschichte hat sie ziemlich durchgerüttelt, denn auch sie litt unter ständigen Kopfschmerzen und war überdies, wie Margit, am rechten Ohr vollkommen taub.

Bei der Rückführung sah sie sich als Mann, der von seiner Frau stets schlecht behandelt, gedemütigt und überdies betrogen wurde. Eines Tages setzte er seinem Leben ein Ende. Er erschoss sich, wobei er die Pistole an der rechten Schläfe ansetzte. Daher rührten also Gerlindes Probleme! Allerdings sagte sie bereits im Vorgespräch, dass sie gar nicht wisse, ob sie - im jetzigen Leben - immer alles genau hören wolle.

Einige Zeit nach der Sitzung rief sie mich an und teilte mir mit, dass ihre Kopfschmerzen Geschichte wären, allerdings ihr Gehör - obwohl hier zwei Problemthemen zusammengefallen waren - hatte sich nicht gebessert. Kein Wunder, hatte sie es doch von vornherein ausgeschlossen.

Thomas

kam mit dem Problem eines vorzeitigen Samenergusses, der ihn auch in seiner Partnerschaft schwer beschäftigte.

In der Sitzung sah er sich als kleiner Junge, der bei Zieheltern aufwuchs. Er erlebte, wie er immer und immer wieder vom Ziehvater sexuell missbraucht wurde. Stets sagte er zu sich: „Bitte lass es schnell vorbei gehen!"

Dieser Glaubenssatz wurde schließlich im jetzigen Leben zum Auslöser des Problems, denn sein Unterbewusstsein hatte sich diesen Satz so eingeprägt, dass es bei sexuellen Handlungen den Befehl aussandte, dass es schnell vorbei sein solle!

Dominic (mein Sohn),

hatte als kleiner Junge während des Essens des Öfteren mit Erstickungsanfällen zu kämpfen. Salzstangen, Pommes, ja sogar Spaghetti blieben ihm zeitweise im Hals stecken. Einmal war es so heftig, dass ich ihn an seinen

Füßen packen, umdrehen und schütteln musste, damit er den Speisebrocken wieder los werden konnte. Während einer Selbsthypnosesitzung im Zuge eines Seminars befand ich mich plötzlich in einem früheren Leben und dann war mir klar woher dieses Problem kam. Ich sah mich als Höhlenbewohner mit meiner kleinen Familie - meiner Frau und meinem Sohn (im jetzigen Leben Dominic). Nachdem ich Fische gefangen und am offenen Feuer zubereitet hatte, aßen wir gemeinsam. Obwohl mich meine Partnerin darum bat, unserem Sohn nur kleine Stücke zu geben und besonders genau darauf zu achten, dass sich darin keine Fischgräten befanden, musste ich wohl eine übersehen haben - und genau diese blieb ihm im Hals stecken. Ein Rettungsversuch war leider erfolglos und er verstarb auf Grund meiner Unachtsamkeit in den Armen meiner Frau. Im jetzigen Leben habe ich es mir offensichtlich zur Aufgabe gemacht besser acht zu geben!

Mein Bandscheibenvorfall

Es war im Jahr 2004 als mich, völlig unerwartet, heftige Rückenschmerzen zu quälen begannen. Nachdem ich einige Wochen so vor mich hin gelitten hatte, beschloss ich mich einem Arzt anzuvertrauen. Zu dieser Zeit hatte ich bereits Lähmungserscheinungen in beiden Beinen, die bis hinunter in die Zehen reichten und ich konnte weder sitzen, liegen, stehen noch gehen. Auch an Schlaf war kaum zu denken. So geschah es, dass ich mich, nach der Erstversorgung durch einen Allgemeinmediziner und der weiteren Untersuchung mittels Röntgenaufnahmen und Computertomographie, an einem Freitagnachmittag in die Praxis eines Chirurgen begab, um die Sachlage vollends abklären zu lassen. Der Arzt bestätigte meine Befürchtungen eines Bandscheibenvorfalls und gab mir sofort und OHNE IN (S)EINEM KALENDER NACHZUSEHEN einen Operationstermin für den darauffolgenden Mittwoch, zehn Uhr. Ich stellte mir die Frage, wie es ein angesehener, operierender Chirurg eines hochfrequentierten Wiener Krankenhauses schafft, einen Termin derart aus dem Ärmel zu schütteln und kam zu dem Schluss, dass ich offensichtlich als Pausenfüller für einen soeben überraschend freigewordenen OP-Termin herhalten sollte. „Nicht mit mir!", sagte eine innere Stimme. Ich entgegnete daher, dass ich mich nicht operieren lassen würde, da ich eine Wiederherstellung selbst bewerkstelligen wollte. Den Hohn seines Lächelns, den er überdies in den Unterton seiner Stimme legte, werde ich wohl nie vergessen, als er zu mir sagte: „Das schaffen sie niemals! Wir sehen uns noch."

„Doch, ich schaffe es!", entgegnete ich noch, ehe ich die Praxis wieder verließ. In den darauffolgenden Wochen besann ich mich darauf, was ich eigentlich im Laufe der Jahre in meiner spirituellen Arbeit alles erlernen durfte. Ich begann intensiv an und mit mir selbst zu arbeiten. Affirmationen wie: „Ich fühle mich von Tag zu Tag immer besser und besser, mein Rücken ist von innen und außen geschützt und gestützt!" begleiteten mich fortan hunderte Male pro Tag in meinen Gedanken und Visualisierungen. Meine Fortbewegung besserte sich, indem ich mir mittels Mudras, einer speziellen Art des Fingeryogas, Energie aus dem Universum holte. Und mental arbeitete ich überdies mit Selbsthypnose, die ich im Zuge meiner Ausbildung zum Hypnoseleiter, erlernt hatte.

Meine Fortschritte waren enorm. Täglich konnte ich mit ansehen, wie es bergauf ging. Obwohl ich nach nur wenigen Wochen so weit rehabilitiert war, dass ich ohne fremde Hilfe wieder gehen konnte, beschloss ich alles nochmals ärztlich Abklären zu lassen. Mit den bisherigen ärztlichen Unterlagen bewaffnet suchte ich daher EINEN ANDEREN ARZT auf. Freundlich nahm er mich in Empfang, sah sich zuerst die Ergebnisse der Röntgenbilder an und schlug beinahe die Hände zusammen, als er sich die der Computertomographie besah. „Das sind nicht sie!“ entfuhr es ihm, während er mich, verwundert ansah. „Doch, das sind die Aufnahmen meines Rückens“, entgegnete ich.

„In einem derart guten, körperlichen Zustand können sie im Falle eines dermaßen heftigen Bandscheibenvorfalls gar nicht sein!“ fuhr er fort, ohne seine Verwirrung zu verbergen. Im Anschluss bat er mich auf seine Praxisliege, platzierte eine Hand in meiner Kniebeuge, die andere auf meinem Schienbein und hielt mich an, seinem Druck stand zu halten, während er diesen immer weiter erhöhte. Je stärker er drückte, je mehr ich dagegen ankämpfte, umso heftiger schüttelte er ungläubig seinen Kopf. „So etwas habe ich noch nie erlebt!“ meinte der Arzt und fragte mich, welche Therapien ich gemacht hätte. Nun habe ich ihm all das zuvor Erwähnte lückenlos aufgezählt. Habe ihm also von den Mudras, den Affirmationen und der Selbsthypnose erzählt. Mit offenem Mund folgte er meinen Ausführungen. „Ich wüsste nicht, was ich für sie tun könnte. Machen sie weiter wie bisher. Ich wünsche ihnen alles Gute!“ Dies waren auch die letzten Worte, die ich seither von einem Arzt zum Thema Bandscheibenvorfall gehört habe, denn nach 12 Wochen war ich von meinen Rückenproblemen vollständig genesen und erlöst.

In einer Reinkarnationssitzung durfte ich im Anschluss auch noch die Ursache auflösen. Dabei sah ich mich als turnierkämpfender, angesehener und gefeierter Ritter der viele Menschen auf dem Gewissen hatte. Ich tötete sie hoch zu Ross, mit einer langen Lanze im Anschlag, bis mir eines Tages selbst eine gegnerische Lanze durch Bauch und Rücken drang und ich noch am Ort des Geschehens verstarb.

Hast du beim Lesen dieses Kapitels Angst empfunden?

☐ **Ja** ☐ **Nein**

Gefahrenquellen

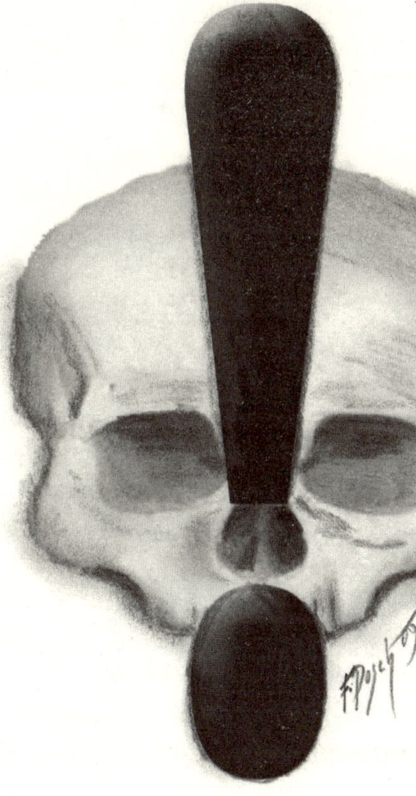

> „Die größte Gefahr im Leben ist, dass man zu vorsichtig wird."
>
> Alfred Adler

Regression

Unter „Regression" versteht man die Rückschau im jetzigen Leben. Hier kann man Schritt für Schritt zurückgehen. Bis in die pränatale, also vorgeburtliche, Phase, während der du dich noch im Mutterleib befunden hast.

Sinnlos ist es meiner Meinung nach, dass man Personen, die sich eines Problemthemas und dessen Auslöser im jetzigen Leben bewusst sind, dahin zurückführt.

Warum sollte man eine Klientin, die sich bewusst ist, dass sie im jetzigen Leben z.B. von ihrem Stiefvater, Onkel oder Nachbarn vergewaltigt wurde, all das nochmals erleben lassen?

Jedoch kann eine Regression zur problemauslösenden Situation dann hilfreich sein, wenn es gilt schwere Konflikte zu finden, die vom Verstand verschüttet und verdrängt wurden und lediglich im Unterbewusstsein aktiv sind.

Solche aktiven Konflikte können schwere Krankheiten nach sich ziehen und sollten daher unbedingt hervorgeholt, angesehen und aufgelöst werden!

Ob du ein solches Traumata des jetzigen Lebens wieder erleben sollst, das entscheidet aber in jedem Fall dein Seelenbegleiter.

Progression

Unter Progression versteht man die Vorausführung in die Zukunft des jetzigen (oder eines späteren) Lebens.

Du kommst zu mir, bist 25 Jahre, hast gerade einen netten Mann kennen gelernt, mit dem du dir eine gemeinsame Zukunft vorstellen könntest und bist aus diesem Grund gespannt, wie sich alles entwickeln wird.

Nun bittest du mich, dich im Jetzt ein Stück weiter zu führen. Du siehst, empfindest und erlebst, wie du deinem Herzensmann gerade das Ja-Wort vor dem Traualtar gibst. Eine weitere Station zeigt dir, wie du gerade dein erstes Kind geboren hast und ihr drei euch überglücklich in den Armen liegt. Ich führe dich zu deinem 30. Geburtstag. Du siehst...NICHTS!

In Panik stürzt du aus meiner Praxis und lebst ab nun in ständiger Angst, da du annimmst schon mit 30 Jahren nicht mehr am Leben zu sein. Natürlich könnte es sein, dass du an dieser Stelle nur etwas länger gebraucht hast, um deinen Fokus einzustellen, aber dazu, dir diese Eventualität mitzuteilen, werde ich vermutlich nicht mehr kommen. Nächste Station für dich wird daher vermutlich Psychologe, wenn nicht gar Psychiater sein.

Ich persönlich finde Vorausführungen unverantwortlich und werde sie daher auch nicht anbieten oder gar durchführen!

Leg dein Geld an!

Eine erzählenswerte Episode ist mir vor einigen Jahren passiert, als ich von einer in Deutschland ansäßigen Institution die Anfrage bekam, ob ich mir vorstellen könnte, bei einer neuen Art der Geldveranlagung mit zu arbeiten.

Meine Tätigkeit dabei wäre, Menschen in ihr nächstes Leben voraus zu führen. Nachdem diese Personen, vornehmlich Millionäre, erlebt haben, wer sie sind und wo sie wohnen werden, können sie nun ihr GELD anlegen und bekommen es dann IM NÄCHSTEN LEBEN AUSBEZAHLT!!!

Obwohl ich weder meinen Ohren, noch dem Gesagten traute, wollte ich mehr darüber erfahren. Das ganze funktioniert, so wurde mir weiter berichtet, indem das Geld, natürlich notariell beglaubigt und von einem Rechtsanwalt überwacht, an ein Bankinstitut überwiesen wird und hier die nächsten Jahrzehnte vor sich hin zinst. Erreicht man dann im nächsten Leben die Volljährigkeit, klopft der damit betraute Notar, samt Rechtsanwalt und Bankvorstand bewaffnet mit dem großen Geldkoffer, an deine Türe und übergibt dir dein eigenes Geld.

Abzüglich einiger kleinerer Spesen versteht sich.

Obwohl sich die Sache sicher heiter liest, habe ich, ohne mich nach dem für mich dabei herausspringenden Honorar zu erkundigen, dankend abgelehnt, da es für mich wichtig ist Menschen zu helfen - und zwar auf eine seriöse Art und Weise!

Rückführungen mit Kindern

Im Zuge meiner Ausführungen habe ich dir die Geschichte von Gudrun und ihrer Existenzangst erzählt. Ihre Tochter im jetzigen Leben hatte doch Bulimie. Du erinnerst dich sicher noch daran? Drehen wir diese Geschichte mal um.

Gudrun kommt mit ihrer 12-jährigen Tochter Claudia zu mir in die Praxis und bittet mich, mir die Bulimie ihrer Tochter anzusehen. Bei der Rückführung erlebt sich Claudia in einem früheren Leben. Sie ist gerade 3 Jahre alt. Ihre Mutter ist ohne Arbeit. Geld existiert daher nicht. Lebensmittel sind rar oder gar nicht vorhanden. Christin, so hieß sie damals, fühlt sich krank, sie hat Hunger und bekommt fiebrige Anfälle. Eines Nachts bemerkt die Kleine, wie ihre Mutter an ihr Bettchen schleicht. Sie sieht noch das Aufblitzen eines metallischen Gegenstandes und verspürt unmittelbar darauf einen stechenden Schmerz im Bereich des Herzens, bevor sie in die Dunkelheit des Todes eintritt.

Hier wage ich mit hundertprozentiger Sicherheit zu behaupten, dass Claudia, im Zuge einer herkömmlichen Rückführung, ab sofort von ihrer Bulimie geheilt gewesen wäre. Sie hat ja nun ein anderes Thema, das ihr ab sofort Probleme bereitet. IHRE MUTTER HAT SIE FRÜHER MAL GETÖTET! Und das bringt Claudia unter Garantie nicht so schnell aus ihrem, noch sehr jungen, Verstand!

Vor Rückführungen mit Kindern möchte ich daher alle ungeübten Rückführungsleiter eindringlich warnen!

Die Arbeit mit Kindern ist eine ganz andere, findet im absoluten Wachzustand statt und erfolgt ausschließlich über die Interpretation von Zeichnungen und den dabei verwendeten Farben. Sowie über viele Gespräche und das Spielen mit dem Kind. Trotzdem ist es relativ leicht, für einen geübten und geschulten Rückführungstherapeuten Problemthemen bei Kindern aufzulösen und bedarf ebenfalls nur einiger weniger Sitzungen.

Auch das Thema mit Claudias Mutter würde mit diesen speziellen Techniken einfach zu lösen sein.

Rückführung - Clearing - Hypnose

Diese drei Therapieformen gehören für mich untrennbar zusammen. Achte daher bitte bei der Wahl deines Therapeuten darauf, dass dieser die entsprechenden

Ausbildungen in diesen Fächern absolviert hat.

Es kommt immer wieder vor, dass ungeübte und mit Rückführung und Clearings ungenügend oder gar nicht bewanderte Hypnotiseure mit ihren Klienten in frühere Leben „hineinstolpern". Anstatt das Thema aufzuarbeiten wird hier meist nur beruhigt und die Sitzung anschließend beendet. Auch ist es des Öfteren vorgekommen, dass sich während Rückführungen oder Hypnosesitzungen plötzlich Fremdenergien gemeldet haben. Der Klient tritt dann in eine scheinbar schizophrene Phase, da er zwischen den einzelnen Energien switched und abwechselnd deren Persönlichkeiten annimmt. Die Folge ist, dass er sich in diesem Zustand oftmals auch optisch und charakterlich verändert. Es ist daher äußerst wichtig, dass der Leiter der Sitzung damit umzugehen weiß.

Krankheiten

Solltest du an Herz- oder Kreislaufbeschwerden oder an Anfallskrankheiten - wie Epilepsie oder Asthma - leiden, würde ich dir von einer Rückführung abraten.

Ebenso bei schweren psychischen Problemen.

An dieser Stelle auch der Hinweis, dass Rückführungen keinen Arzt oder Psychologen ersetzen!

Hast du beim Lesen dieses Kapitels Angst empfunden?

☐ **Ja** ☐ **Nein**

So!

Hast du bereits alle Ja- und alle Nein-Kreuze zusammengezählt?

Gut!

Nun zählst du für jedes Nein-Kreuz einen Punkt.
Für jedes Ja-Kreuz gibt es null Punkte.

12-10 Punkte:

Du bist absolut furchtlos und daher wie geschaffen für eine Problemlösung mittels Rückführungstherapie.

9-5 Punkte:

Du hast zwar so deine Bedenken, dennoch wirst du dich, im Bedarfsfall, an einen kompetenten Rückführungstherapeuten deiner Wahl wenden.

4-1 Punkte:

Du solltest schon alleine wegen deiner ständigen unbegründeten Ängste unbedingt an einer Rückführungssitzung teilnehmen!

Das Leben IST Schule

Darf ich mich bei dir vorstellen? Mein Name ist „LEBEN“! Heute ist dein erster Schultag! Ich darf dich im Namen der Klassen- und Seelengemeinschaft recht herzlich hier, in der Erdenschule, begrüßen. Du hast von deinen geistigen Lehrern vollste Unterstützung um deine Hauptfächer

- Selbstliebe
- Nächstenliebe
- Harmonie
- Toleranz *und*
- Akzeptanz

zu bestehen.

Solltest du allerdings dem Unterricht fern bleiben oder Teilgebiete schwänzen, musst du diese wiederholen und zu einem positiven Abschluss bringen. Im schlimmsten Fall also die Klasse wiederholen. Meisterst du die Lebensschule jedoch, hast du die Chance in die Hochschule der Seelen übernommen zu werden. Nun bleibt mir noch, dir viel Erfolg beim Lernen deiner Aufgaben, beim Bestehen deiner Prüfungen und bei der Überwindung der Problemfächer zu wünschen!

Licht und Liebe
dein Walter (Posch)

(Ungewolltes) Kompliment einer Klientin

Zum Abschluss möchte ich dir ein ganz liebes - wenn auch ungewolltes - Kompliment einer Klientin nicht vorenthalten:

Nach einem Vortrag anlässlich eines Engelabends hatten sich zwölf Personen zu einer Rückführung angemeldet. Ich beschloss daher ein Wochenende in der oberösterreichischen Landeshauptstadt Linz zu verbringen und teilte je sechs Personen für Samstag und sechs von ihnen für Sonntag zu einer Reinkarnationssitzung ein. Mit den Rückführungen begann ich um 09.00 Uhr morgens und arbeitete bis Mitternacht im Zweieinhalb-Stunden-Takt durch. Am Sonntag um 20.00 Uhr kam erneut eine Klientin. Als sie mich begrüßt hatte, sah sie mich ganz verwundert an und meinte: „Sag mal, du bist doch schon seit gestern hier, oder? Ich bin doch bereits die elfte, also die vorletzte, die du rückführst? Eigentlich dachte ich, du bist schon total geschafft, aber du siehst ja vollkommen frisch aus! Wie gibt es das?“

Seit diesem Moment weiß ich, dass ich auf dem richtigen Weg bin und man mir die Freude, mit der ich bei der Sache bin, auch tatsächlich ansieht!

Die Praxis

In diesem Buch findest du nebst vielen Fallbeispielen und Übungen auch eine taxative Auflistung über den genauen Ablauf einer Reinkarnationstherapiesitzung.

Solltest du dich entschließen eine Rückführungssitzung oder eine Ausbildung bei mir zu absolvieren, so würde ich mich freuen, dich einmal bei mir begrüßen zu dürfen.

Sitzungen finden ausschließlich in Österreich statt.

Seminare gibt es in Österreich, Deutschland und bei entsprechender Nachfrage auch in der Schweiz.

Die Ausbildungsthemen wie Reinkarnationstherapeut, Clearingtherapeut, Hypnose-Practitioner und diplomierter Rückführungstherapeut entnimmst du bitte meiner Homepage.

Informationen darüber findest du unter:

www.regression.at

oder du rufst mich einfach an:

0664 / 308 87 84	aus Österreich
0043 / 664 308 87 84	aus anderen Ländern

oder du schreibst mir:

reka-instiut@gmx.net

Titel aus unserem Verlagsprogramm

Xenia-Linda Posch

Erwecke die Kraft des Kartenlegens in Dir

ISBN 978-3-89575-149-3 / 112 Seiten / durchgehend farbig

Zwei komplette Kartenlegekurse in einem Buch zusammengefasst! Wenn Sie dieses Buch durchgearbeitet haben, werden Sie das Kartenlegen mit den Lenormand und den Tarotkarten beherrschen.

Das Deuten der Karten, in keinem Buch leichter erklärt als in diesem!

Profitieren Sie von den persönlichen Erfahrungen einer langjährigen und internationalen, durch TV-Auftritte bekannten Kartenlegerin, die hier weitergegeben werden.

Lassen Sie sich entführen und entdeckn Sie mit diesem Buch Ihren inneren Wahrsager!

Dick Hellwich / Rolf Mihm

Erwecke die Pendelkraft in Dir

ISBN 978-3-89575-124-0

Dick Hellwich führt behutsam Schritt-für-Schritt in die „Geheimnisse" des Pendelns ein. Ein Buch nicht nur für Einsteiger. Selbst der Fortgeschrittene wird eine Menge neuer und interessanter Erkenntnisse erlangen. Einer umfassenden Einführung in das Pendeln folgen über 90 Pendeltafeln die viele Bereiche des Lebens abdecken.

Werner Giessing

Erwecke die Kraft des Handlesens in Dir

ISBN 978-3-89575-148-6 / 242 Seiten

Entdecken Sie die faszinierende Welt der Handlesekunst und lassen Sie sich entführen auf eine spannende Reise in die Erkenntnis Ihrer wahren Fähigkeiten und Stärken oder in die Ihrer Mitmenschen. Dieses exzellent aufgebaute Buch bietet Ihnen eine Anleitung, um sich selbst und andere Menschen in einer Art zu erfahren, wie es sonst kaum möglich ist.

Über 150 Zeichnungen und Fotografien ergänzen den Text, so daß die Kunst des Handlesens kein Geheimnis mehr bleibt

Gaye Muir

Brücke zwischen den Welten

ISBN 978-3-89575-123-3 / 255 Seiten

Gaye Muir erstattet über viele Aspekte der Medialität Bericht. Dies reicht von essentiellen Gesprächen mit ihrem Geistführer bis hin zu fundierten Ratschlägen für die Entwicklung ihrer spirituellen Fähigkeiten.

Aus dem Inhalt:

1. Kapitel: Unsere Welt - Die beiden Welten - Selbsterkenntnis - Religion - Das Spirituelle Glaubensbekenntnis - Naturgesetze - Energien - Wie es im Himmel aussieht - Was erzählen wir den Kindern? - Verse von Kindern aus der geistigen Welt - Eine Geschichte für Kinder - Selbstmord - Trance-Gespräch in Holland

2. Kapitel: Allgemeine Erwartungen an eine Sitzung - Lektionen aus Sitzungen - Radio Kanada - Die Geschichte einer Klientin - Beweis durch einen Zahnarzt - Suchen und Finden

3. Kapitel: Entwicklungstraining - Vorbereitung auf die Entwicklung - Entspannung zur Meditation - Die Ausdehnung des Geistkörpers - Hellsehen - Hellhören - Aussersinnliches Empfindungsvermögen - Symbolik - Psychometrie - Entwicklungskreis für Trance

4. Kapitel: Was ist Heilen? - Fernheilung - Heilung durch Berührung - Selbstheilung - Heilung und die Aura - Psychosomatische Bedingungen - Beratung

5. Kapitel: Fragestunde - Sind wir Hexen oder stehen wir mit Hexen in Verbindung? - Fragen und Antworten in der Korrespondenz - Das Arthur Findlay College - Die großartigste Sache für den Weltfrieden ist das Gebet

Dr. Joseph Murphy

Glück und Reichtum - ein Leben lang

ISBN 978-3-89575-055-7 / 88 Seiten

Glück und Reichtum - sowohl innerlich als auch äußerlich - müssen durchaus kein Wunschtraum sein. Der weltbekannte Lebenslehrer weist Ihnen hierzu den Weg.

Estelle Stead

Die blaue Insel

ISBN 978-3-89575-071-7 / 102 Seiten

Ein faszinierender Bericht über das Weiterleben nach dem Tode. Estelle Stead erhielt auf medialem Wege aufrüttelnde Nachrichten. Das Buch gibt Antwort auf die Frage, ob bzw. in welcher Form es ein Weiterleben nach dem Tode gibt.

„Ich habe selten ein Buch, so voller Kraft und Zuversicht, geprägt von Weisheit und Vertrauen, gelesen. Falls ich bisher noch Zweifel oder gar Angst vor dem Ende hatte, so sind diese einer freudigen Erwartung gewichen.

Das Leben hat für mich einen völlig neuen Sinn erhalten. Ich weiß nun nicht nur was mich erwartet, ich weiß vor allen Dingen nun wie ich mich in diesem Leben verhalten muss und welchen Sinn das Ganze hat.

Marion Röbkes

Weisheit aus einer anderen Welt

ISBN 978-3-89575-113-4 / 92 Seiten

„Oui-Ja...der Begriff klingt geheimnisvoll - für Manchen eine Verlockung, für Andere eine Bedrohung. Tischerücken, Gläserrücken, automatisches Schreiben, all diese Praktiken umgibt ein Hauch des Okkulten.

Doch wieviel des Mythos, wieviel der bisher meist hinter vorgehaltener Hand weitergegebenen Informationen darüber hält der Wirklichkeit stand?

Wie funktioniert das geheimnisvolle Brettchenrücken?

Welche Möglichkeiten bietet es?

Sylvia Barbanell

Wenn Deine Tiere sterben

ISBN 978-3-89575-070-0 / 242 Seiten

Was wird aus meinem Hund, meiner Katze und den anderen Tieren, wenn diese eines Tages sterben? Kann so viel Liebe und Treue ein für alle mal ausgelöscht werden?

Sylvia Barbanell beantwortet all die vielen Fragen, die aus Zweifel über eine Weiterexistenz der Tierseelen entstanden sind. Mit einer Vielzahl ergreifender Erlebnisberichte.

Maria Elisabeth
Seelenbewußtsein
ISBN 978-3-89575-147-9 / 128 Seiten

K.O. Schmidt
Die Götter des Sirius
ISBN 978-3-89575-063-2 / 88 Seiten
Berichtet wird von geistigen Kontakten mit göttergleichen Wesen der Sirius-Welt, von ihrem Aussehen, ihrem Leben, ihrer Evolution, und ihren einstigen Raumfahrten. Von der Verbindung mit wesenverwandten Bewohnern anderer Sternenreiche, ihrem Gedanken- und Erkenntnisaustausch über die Schranken von Raum und Zeit hinweg und vom inneren Aufbau des lebendigen Alls.
Ein faszinierender Bericht von den Verbindungen zur Sirius-Welt.

Aundh
Das Sonnengebet
ISBN 978-3-89575-096-0 / 96 Seiten

Yoga- bzw. Körper- und Atemübungen die jeder - egal welchen Alters - ausüben kann. Nehmen Sie sich jeden Tag nur ein paar Minuten Zeit und Sie werden sich wie Neugeboren fühlen - voller Energie und Tatkraft.

Jede einzelne Stellung wird genauestens beschrieben. Mit dem herausnehmbaren Faltblatt haben Sie die Übungen kompakt vor Augen.

Cornelia Geiger
Die Räucherfibel
ISBN 978-3-89575-151-6 / 112 Seiten durchgehend farbig

Renate Gallert

In den Fängen des Guru

ISBN 978-3-89575-140-0 / 311 Seiten

Unsere Titel von Krishnamurti:

Das Tor zu Neuem Leben

ISBN 978-3-89575-058-8 / 159 Seiten

Inhalt: Das ICH und die Gesellschaft - Das Ende des Leidens - Gesprächsdiskussion - Der Tod gehört zum Leben - Grundlagen der Meditation - Der religiöse Mensch - Wer ist Krishnamurti?

Leben ohne Illusionen

ISBN 978-3-89575-057-1 / 109 Seiten

Krishnamurti befaßt sich in diesem Buch mit dem Gesamtproblem des menschlichen Daseins. Er lenkt die Aufmerksamkeit auf Fragen der Meditation, der Liebe, des Mitleids, der Angst und auf die Schmerzen des Menschenlebens mit all´ seinem Leid, Terror und Gewalt.

In Kommunion mit dem Leben

ISBN 978-3-89575-060-1 / 157 Seiten

Inhalt: Das Problem der Freiheit - Aufhebung aller Probleme - Kommunion - Mutation - Lebensangst - Der Quell des Lebens - Vollkommenes Handeln - Einheit von Leben und Tod - Der Grund des Schweigens - Wahre Religiosität.

Das Netz der Gedanken

ISBN 978-3-89575-059-5 / 98 Seiten

Der Lebenslehrer versucht nicht, den Leser zu einer bestimmten Denkrichtung zu überreden und ihn auch keinem noch so sanften Druck auszusetzen. Er versucht vielmehr, gemeinsam über menschliche Probleme nachzudenken.

Simone de Tervagne
Forscher im Unsichtbaren
ISBN 978-3-89575-069-4 / 268 Seiten
Ein Streifzug durch die Salons der bekanntesten Medien, Hellseherinnen und Astrologen.

Arthur M. Abell
Gespräche mit berühmten Komponisten
ISBN 978-3-89575-047-2 / 192 Seiten

Richard Strauss - Brahms - Puccini - Humperdinck - Max Bruch - Edvard Grieg. Über die Entstehung ihrer unsterblichen Meisterwerke. Eine Fülle von aufschlussreichen Aussagen über ihr Verhältnis zu religiösen und philosophischen Problemen.

Jacqueline Kahuna
Energien der Emotionen
ISBN 978-3-89575-132-5 / 119 Seiten

Was steckt hinter unseren Emotionen? Wie lenken wir unsere Energien zu einem freudvollen, erfüllenden Leben?

Gestaute Energien zum Fließen bringen, ein gesundes Selbstwertgefühl entdecken, Geheimrezepte zur Findung aufrichtiger Beziehungen, unsere Intuition für uns arbeiten lassen; dies sind einige der spannenden Themenbereiche dieses vorliegenden Werkes.

Yves Kraushaar
Moses - Grösster Prophet aller Zeiten
ISBN 978-3-89575-134-9 / 207 Seiten

Gertraud Schnabel
Deine Seele - gleich wie ein Schmetterling
ISBN 978-3-89575-137-0 / 96 Seiten

Gertraud Schnabel
Die Leichtigkeit eine gesunde und harmonische Partnerschaft zu leben
ISBN 978-3-89575-138-7 / 96 Seiten

Hartmut Hülsmann
Selbstbejahung und Nächstenliebe
ISBN 978-3-89575-053-3 / 190 Seiten
Ein intensives Leben, Sensibilität, Selbsthilfe und Nächstenliebe sind für jeden erreichbar und erstrebenswert.

Gudrun Leyendecker

Kartenlegen für jedermann

ISBN 978-3-89575-108-0 / 361 Seiten

Ein Buch mit dessen Hilfe wirklich jeder einen Blick in die Zukunft werfen kann. Unzählige Legebeispiele, ausführliche Erläuterungen und eine kleine Psychologie im Kartenlegen.

Wir lernen Ereignisse unseres Lebens besser zu verstehen und finden in den Karten die Bestätigung unserer Intuition.

Gudrun Leyendecker

Kartenlegen für die Partnerschaft

ISBN 978-3-89575-109-7 / 186 Seiten

Glück in der Partnerschaft ist keine Selbstverständlichkeit. Das Buch zeigt neue Wege dem Partnerschafts-Glück näher zu kommen.
Es bietet Möglichkeiten Probleme zu lösen und gibt Anweisungen, wie man einen Blick in die Vergangenheit und in die Zukunft werfen kann.
Doch auch wer eine gute Ehe oder Partnerschaft führt kann in diesem Buch noch Möglichkeiten finden, seine Partnerschaft zu verbessern. Mit vielen Beispielen.

Nettie Maynard

Der Präsident rief mich

ISBN 978-3-89575-072-4 / 78 Seiten

War der amerikanische Präsident Abraham Lincoln ein Spiritualist? Spiritistische Sitzungen im Weißen Haus? Ein Leben nach dem Tode?

Jutta Nagel

Joachims Wiederkehr

ISBN 978-3-89575-067-0 / 70 Seiten

Kann sich ein Verstorbener aus der Geistigen Welt in unsere Materie manifestieren? Lesen Sie diesen Tatsachenbericht.

Hans Hansen

Beglückung ohne Grenzen

ISBN 978-3-89575-052-6 / 160 Seiten

Lernen wir, unser Herz aller wahren Freude zu öffnen.

Marion Röbkes

Hexen, Götter, Kulte - Orte der Magie

Band 1 - Deutschland Süd

ISBN 978-3-89575-115-8 / 229 Seiten

Band 2 - Deutschland Nord

ISBN 978-3-89575-118-9 / 242 Seiten

Lassen Sie sich verzaubern von mystischen Orten, von magischen Stätten, finden Sie Ihre eigenen Kraftorte, tauchen Sie ein in eine Vergangenheit, die Sie faszinieren wird.

Ein esoterischer Reiseführer der Ihnen Plätze näher bringt, die Sie in wenigen Stunden erreichen können und die Sie für ein paar Stunden oder Tage in eine geheimnisvolle Mystik entführen.

Band 1
konzentriert sich auf die Bundesländer Baden-Württemberg, Bayern, Hessen, Rheinland-Pfalz, Saarland, Sachsen und Thüringen.

Band 2
besucht die Bundesländer Berlin, Brandenburg, Bremen, Hamburg, Mecklenburg-Vorpommern, Niedersachsen, Nordrhein-Westfalen, Sachsen-Anhalt und Schleswig-Holstein.

Stefanie Müller-Dreesen

Mobbing und Bossing - Hilfe - was tun -

ISBN 978-3-89575-111-0 / 80 Seiten

Für alle die zum Mobbingopfer geworden sind und nicht wissen, wie sie diese schwierige Situation überwinden können, sowie für jene die Betroffenen zur Seite stehen möchten.

Auf den spirituellen Charakter dieses Themas wurde besonderer Wert gelegt.

Manfred Kyber

Tierschutz und Kultur

ISBN 978-3-89575-081-6 / 291 Seiten

Tiere müssen bei Versuchen, Zucht, Haltung, Schlachtung sowie bei Verwertung zu Schmuck und Kleidung unsagbare Qualen erleiden.

Wer dieses Buch liest wird mit Schrecken feststellen, dass sich in den letzten Jahrzehnten nichts geändert hat.

Dr. Masaharu Taniguchi

Erziehung zum Göttlichen

ISBN 978-3-89575-033-5 / 279 Seiten

Der Schlüssel zum Herzen Ihres Kindes. Der bekannte japanische Lebenslehrer gibt Ihnen einen Leitfaden, mit dem Sie Kinderer*ziehung* in ganz neuem Licht sehen werden. Wecken Sie die unerschöpflichen Potentiale und legen Sie einen Grundstein für das Glück und die Ausgeglichenheit Ihres Kindes.

Anton Latz

Bewußt leben - bewußt sterben

ISBN 978-3-89575-099-1 / 188 Seiten

Behutsam versucht Anton Latz Ihnen zu helfen den wahren Sinn von Leben und Tod zu finden.

Hanns Kurth

Mit Biorhythmik zum Erfolg

ISBN 978-3-89575-054-0 / 104 Seiten

Das Buch ermöglicht es den Rhythmus selbst leicht zu errechnen. Den Biorhythmus kennen bedeutet, sich auf die momentane Situation besser einstellen zu können.

Julio Roberto

Alle Antworten sind in Dir...

ISBN 978-3-89575-086-1 / 47 Seiten

Julio Roberto ist es meisterhaft gelungen Denkanstöße zu geben, um die Antworten, die in uns allen ruhen, wirklich zu finden. Die ansprechenden farbigen Zeichnungen verstärken und unterstreichen diese Aussagen zusätzlich.

Julio Roberto

...letztlich könnten wir doch Brüder sein

ISBN 978-3-89575-088-5 / 50 Seiten

Der weltbekannte Brief des Häuptling Seattle aus dem Jahre 1854 an den damaligen amerikanischen Präsidenten und die Antwort eines Mannes der heutigen Zeit.

Eines der schönsten ökologischen Gedichte, das heute den Weitblick des "Wilden" erschaudernd deutlich macht.

Die ansprechenden farbigen Zeichnungen untermalen die Einmaligkeit dieser Ausgabe.

Nikolaus Enkelmann

Das O.K. - Buch

ISBN 978-3-89575-014-4 / 138 Seiten

Haben Sie Kinder oder Enkel zwischen 10 und 16 Jahren, die unentschlossen und desinteressiert wirken? Dann ist dieses Buch für Ihre Kinder bzw. Enkel genau das Richtige. „Das O.K.-Buch hilft dir, okay zu sein und jedes Ziel zu erreichen, das du erreichen willst."

Helga Malchus

Der Weg zur Freiheit und der Wahrheit

ISBN 978-3-89575-129-5 / 84 Seiten

Sie erfahren wie Sie mit einfachen Mitteln ein zufriedeneres und glücklicheres Leben führen können.

Dr. Joseph Murphy

Kernreligion

ISBN 978-3-89575-061-8 / 56 Seiten

Göttliche Universalkraft - Biblische Wahrheiten - Liebe über alle Grenzen. "Kernreligion" ist die Urreligion in ihrer verbindenden Bedeutung für alle Menschen.

K.O. Schmidt

Stern unter Sternen

ISBN 978-3-89575-062-5 / 268 Seiten

Eine faszinierende Wanderung durch die Wunder des Weltalls. Astronomisches Wissen und astrophilosophische Weisheiten.

Gudrun Leyendecker

Zauberkraft der Liebe

ISBN 978-3-89575-110-3 / 160 Seiten

Erleben Sie mit, wie Jesomena ihrer großen Liebe begegnet! Das Mädchen glaubt fest an die "Zauberkraft der Liebe" und möchte mit Verständnis, Freundlichkeit und Gefühl die Welt positiv verändern.

Ellen Seeler

Das große Buch der Sternenmärchen

ISBN 978-3-89575-128-8 / 240 Seiten

5 Bücher zum Schmunzeln von Pfarrer Martin Knolle

Martin Knolle schrieb über sich selbst: "Immer wird ein Leben wohl entscheidend mitbestimmt durch all die treuen Begleiter, die man fand. Wie aber hätte ich ohne meine Frau, die alle Wege mit mir ging, auch in die tiefen und die dunkelsten Täler, wie hätte ich ohne sie meinen Weg so gehen können, wie ich ihn ging. Wie hätte ich ohne sie und ohne meine Kinder die kleinen Bücher schreiben können, die etwas mehr zeigen wollen von der Kunst, die wir alle lernen sollen: Sich mit den Augen Gottes sehen und darum sich selbst nicht mehr, Gott aber ganz ernst zu nehmen.

Ein fröhlich Herz ist die beste Arznei

ISBN 978-3-89575-043-4 / 62 Seiten

Echter Humor vertreibt Dämonen, weil er der Widerschein des Lächeln Gottes im Herzen der Menschen ist. Der Autor schildert heitere Dispute mit seinem Ehegesponst.

Mit seinen Kindern bleibt man jung

ISBN 978-3-89575-044-1 / 62 Seiten

Man möchte Pfarrer Knolle einen christlichen Humoristen nennen, aber es trifft die Sache nicht richtig. Hinter seinen humorvollen Geschichten steckt vieles zum Nachdenken aus dem Leben mit seiner Familie.

Väter haben immer recht

ISBN 978-3-89575-042-7 / 62 Seiten

Ein Familienvater hat es nicht leicht, auch nicht, wenn er zufällig Pfarrer ist. Mal mehr lustig, mal mehr besinnlich erzählt Martin Knolle von seinen großen und kleinen Alltagssorgen.

Die Nacht des Gekreuzigten

ISBN 978-3-89575-046-5 / 62 Seiten

Die Erbmasse

ISBN 978-3-89575-045-8 / 62 Seiten

Hendrik Nachtsheim

Leo Leichtsinn Band 1 und 2

ISBN 978-3-89575-076-2 (Bd 1) / 120 Seiten
ISBN 978-3-89575-077-9 (Bd 2) / 120 Seiten

Leo ist ein liebenswerter, pfiffiger Junge der seine Umwelt entdeckt.
Dazu gehören Erfahrungen mit richtiger und falscher Ernährung genauso wie das Erkennen umweltbedrohlicher Missstände oder erste Annäherungsversuche an die Naturheilkunde.
Ein vielversprechendes Buch, das in lockerer Form, mal lustig, mal spannend, mit zahlreichen Zeichnungen versehen, den Kindern Umweltbewusstsein und gesundes Ernährungsverhalten näherbringen soll.
Die beiden Bände haben sich zu einem Bestseller der "alternativen" Kinder- und Jugendliteratur entwickelt. Die Erlebnisse des zehnjährigen Leo werden so lebhaft, spannend und lustig erzählt, dass es wirklich Spaß macht.
Die Themen: Gesunde Ernährung - Umweltschutz - Naturheilkunde und Werbung - Ausländerfeindlichkeit - Spielplätze u.v.m. zeigen den pädagogischen Ansatz. Der erhobene Zeigefinger fehlt.
Ab 7 Jahre

Carl Amery

Marsch, zurück auf die Bäume

ISBN 978-3-89575-040-3 / 120 Seiten

Eine fundierte Argumentationshilfe für alle Jugendliche, die sich aktiv für Umweltschutz einsetzen und ihre Gedanken Andersdenkenden einleuchtend vermitteln möchten.
Ab 10 Jahre

Günter Neidinger

Tiere probieren den Frieden

ISBN 978-3-89575-082-3 / 66 Seiten

Wie die Menschen sehnen sich die Tiere nach Frieden. Auch unter ihnen gibt es Neid, Haß, Mißgunst und Gewalt. „Wir müssen eine Friedensbotschaft verfassen“ sagte der Hase, „und allen Tieren mitteilen.“ Und so kommt es zur Friedenskonferenz auf der Lichtung im großen Wald....
Ab 10 Jahre

Sigrid Watzke
Das kleine Tofu-Kochbuch
ISBN 978-3-89575-097-7 / 44 Seiten

Tofu ist mehr als ein Fleischersatz. Die handgeschriebenen Rezepte sind von ansprechenden Zeichnungen eingerahmt und sollten in keiner Küche fehlen.

Prof. Dr. med. Karl Kötschau
Naturmedizin - neue Wege
ISBN 978-3-89575-079-3
€ 17,00 / 250 Seiten

Grundlegendes und Richtungsweisendes für Ihre Gesundheit.

Heidi Kötschau
Aspekte einer biologischen Ganzheitstherapie
ISBN 978-3-89575-083-0
€ 1,30 / 24 Seiten

Albert von Haller
Der Streit um den Zucker
ISBN 978-3-89575-003-8 / 24 Seiten

Zucker ist mehr als umstritten.
Informieren Sie sich.

Georg Otto
Wir Selbstmörder des 20. Jahrhunderts
ISBN 978-3-89575-100-4
€ 13,00 / 281 Seiten

Warum wachsen unsere Zivilisationskrankheiten an? Warum sind unsere Medikamente nicht in der Lage, diese in den Griff zu bekommen?

Georg Otto
Das Risiko krank zu sein
ISBN 978-3-89575-009-0
€ 8,80 / 217 Seiten

Georg Otto schildert den Lebens- oder Leidensweg, den Erkrankte in unserer zivilisierten Welt durchleben müssen.

Erkenntnisse für alle Lebenslagen

Sprüche und Pointen
ISBN 978-3-89575-125-7 / 64 Seiten
Wege durch das Leben
ISBN 978-3-89575-119-6 / 64 Seiten
Neue Wege durch das Leben
ISBN 978-3-89575-122-6 / 64 Seiten
Gedanken auf dem Weg
ISBN 978-3-89575-117-2 / 64 Seiten
All das wünsche ich Dir
ISBN 978-3-89575-121-9 / 64 Seiten
Weg zur Kraft
ISBN 978-3-89575-126-4 / 112 Seiten

Gabriele Kieninger
Einfacher leben - einfacher essen
ISBN 978-3-89575-001-4 / 112 Seiten

Das Buch vermittelt in Kürze das Grundsätzliche einer natürlichen und gesunden Ernährung.

Mit über 50 köstlichen vegetarischen Rezepten.

Wilhelm Eichsteller
Der praktische Homöopath
ISBN 978-3-89575-011-3 / 286 Seiten

Verständlich geschrieben, einzigartig und einmalig in seiner Anordnung. Es zeigt den besten und schnellsten Weg zur wirksamen Anwendung der homöopathischen Therapie.
Die Symptome sind alphabetisch geordnet und ausführlich dargelegt, so dass schnell und sicher das passende homöopathische Mittel gefunden werden kann.
Aus 364 Heilmitteln ist für jeden Krankheitsfall das Richtige zu finden. Mit einer Fülle der markantesten und leicht einprägsamen Krankheitssymptomen.

Dr. h.c. Madeleine Marie Hobl
Sonnenschein im Bauch
- Grundnahrungsmittel als Heilmittel -
ISBN 978-3-89575-136-3 / 144 Seiten

Noch nie gab es so viele Kohlehydrate wie heute in unserer Ernährung! Wollen Sie herausfinden, welche Nahrungsmittel für ihren Körper aufbauend sind? Kann man die Ursachen seiner Beschwerden selbst herausfinden?

Das vorliegende Werk dient als wertvolle Schule zur Stärkung ihrer Gesundheit und unterstützt ihre intuitive Fähigkeit, die richtigen Nahrungsmittel auszuwählen.

Dazu bedarf es Gott sei Dank keiner wissenschaftlichen Ausbildung, sondern nur der Erkenntnis über grundlegende Zusammenhänge, wie sie im vorliegenden Buch beschrieben werden. So sind nur jene Nahrungsstoffe, welche die Energie des Körpers ausgleichen als Lebensmittel zu betrachten. Sie können bei Krankheitsfällen einen Heilungsprozess bewirken, oder diesen zumindest fördern.

Die Verständlichkeit und die kinderleichte Anwendung dieses Grundwissens über richtige Ernährung verdanken wir der Autorin dieses Buches, die sowohl das nötige Wissen als auch eine gute mentale Intuition besitzt.

Artha Verlag
Grüntenseestr. 30 c
D 87466 Oy-Mittelberg

Bücher zum Lesen, Denken und Verändern